国語学習アクティビティ＆語彙ゲーム
授業の面白活用辞典

川合賢典

まえがき

学習アクティビティ・ゲームには、子供たちを引き付ける魅力があります。

勉強が好きな子はもちろん、あまり得意でない子も、いつの間にか熱中して取り組みます。

> 発言したくて仕方がなく、思わず立ち上がって手を挙げている
> いつもはノートに書きたがらない子の鉛筆が動き始める
> 「先生、もっとやりたい」とアンコールが起こる

学習アクティビティ・ゲームを実践するようになり、毎年このような姿を見るようになりました。

このような子供たちの姿を増やしたいと、これまで学習アクティビティ・ゲームを集めてきました。

勤務校の先輩に教えてもらったり、本を読んだり、セミナーやサークルで情報交換したりしながら、毎年、持ちネタを少しずつ増やしてきました。

すると、子供たちから「授業が楽しい」「勉強が好きになった」という声があがるようになりました。

3月に一年間の思い出を出させると、行事を抑えて授業がランクインするようになりました。

このような事実の背景には、学習アクティビティ・ゲームが存在しています。

さて、GIGAスクール構想が始まり、子供たちが一人一台端末（本書では、GIGA端末と表記します）を持つようになりました。

導入期の「とりあえず使ってみよう」という段階から、「どのように使っていくのか」という段階に進みました。

本書は、既存の学習アクティビティ・ゲームとGIGA端末をミックスさせ

ることで、学習をより効果的に進められるのではないかと試みたものです。

GIGA端末を活用することで、子供たちには以下のような効果が期待できます。

①意欲アップ	②検索力アップ	③編集力アップ
④思考力アップ	⑤情報共有力アップ	⑥フィードバック力アップ

また、自分の教室での学習にとどまらず、隣の教室や他の学校、家庭とつながって授業することも可能です。

GIGAスクール構想の意図する「いつでも」「どこでも」「だれとでも」行える学習です。

また、教師にもメリットがあります。

①プリントを印刷する手間がなくなる
②画面を提示するだけで子供たちの学習が始まる
③データを教師間で共有しやすくなる
④子供の学習進度を把握しやすくなる
⑤課題にリアルタイムでアドバイスすることができる

数えきれないほど挙げられそうです。

もちろん、今までのような黒板とチョークのよさ、プリントに手で書くよさもあります。

どちらのよさも生かしながら、より効果的に使い分けていくことが必要になります。

本書では、学習アクティビティ・ゲームを国語に限定して、100例を収録しました。

今まで実践してきたものの中で、子供たちが熱中して活動したものだけを掲載しています。

また、全ての学習アクティビティ・ゲームは、教科書の内容に合わせてあります。

導入の意欲づけに、メインの活動に、発展学習にと、単元の学習の中で実践することができます。

もちろん学級の実態に合わせてアレンジすれば、どの学年でも実践することが可能です。

授業開き、隙間時間、オンライン宿題にとご活用ください。

本書の学習アクティビティ・ゲームには、QRコードが付いています。

大きく分けて3種類のデータのいずれかが入っています。

①配信してすぐに使えるワークシート
②すぐに授業できる学習指示画面
③子供がさわって動かせるコンテンツ

本書が、GIGA端末有効活用の一助となれば幸いです。

豊川教育サークル01（ゼロ・ウーノ）
川 合 賢 典

目　次

本書の使い方

全ての学習アクティビティ・ゲームにQRコードが付いています。QRコードを読み込むと、それぞれの学習アクティビティ・ゲームに合わせたデータが入っています。主に3種類のデータが入っています。

1　子供のGIGA端末にそのまま配信できるワークシート（PDF）

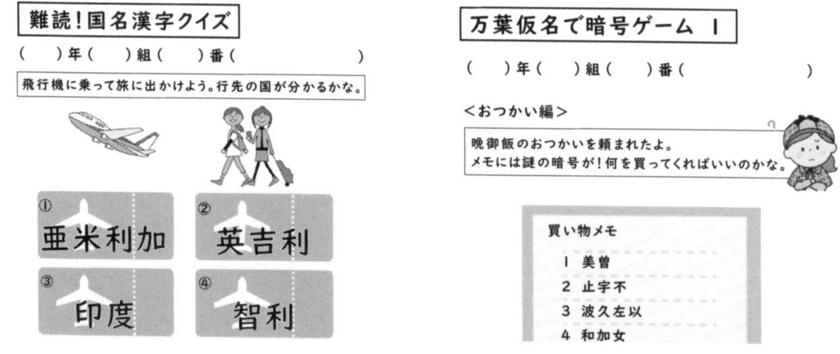

2　画面を提示するだけで授業できる学習指示コンテンツ（PDF）

3　子供がさわって動かせるコンテンツ（PowerPoint、MP4）

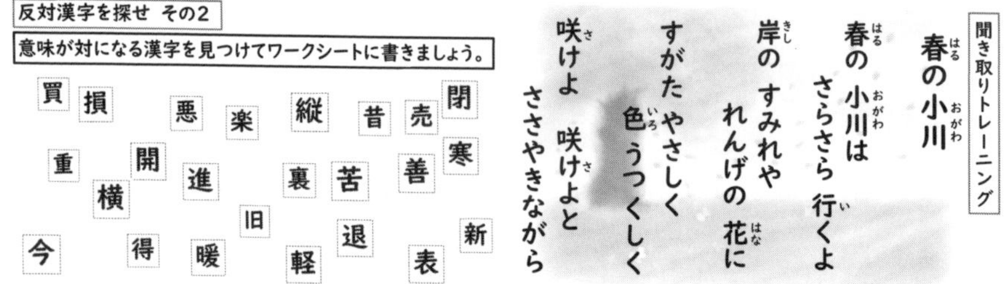

データは主にPDFファイルでの提供となっています。
編集可能なファイルが必要な場合には、問い合わせフォーム（右QRコード）でご連絡ください。

第1部

アクティビティ編

001：いつもの空書きに変化をつけたいときに

空書き当てクイズ

●所要時間：15分　●対象学年：1年生
●対象単元：にているかん字（光村図書）
〈つけたい力〉漢字の形に注意して判別する力

漢字スキルの8番の漢字のどれかを選んで空書きします。
完全に覚えたら、ビデオを撮影しましょう。

GIGA端末　この場面でこう使う

目の前に黒板があると思い指で空中に書く活動を空書きという。漢字学習において有効なパーツである。時折、子供を教室の前に出し、クイズ形式にすると盛り上がる。GIGA端末を使って撮影すれば、いつでもどこでも空書き当てクイズを行うことができる。

空書きをするときには、見やすいように大きく書いてください。書きながら、「イチ、ニ、サン」と、画数も言いましょう。

撮影するときには、後ろ向きで撮影してくれよな。字が逆向きになっちゃうぜ！

映像が集まったら、教師は共有の設定をする。
それがそのまま、クラスの空書き問題集となる。

映像にするメリット

①繰り返し視聴することができる（一斉授業では難しい）。
②いつでも見ることができる（家庭学習にも転用可能）。
③速度を変えることができる（分からないときの支援となる）。

002：知っている漢字、どれだけ書けるかな？

漢字タイムアタック

●所要時間：10分　●対象学年：2年生
●対象単元：かん字の書き方（東京書籍）
〈つけたい力〉漢字に興味をもち、進んで書こうとする力

知っている漢字をできるだけたくさん書きましょう。時間は、10分間です。

GIGA端末　この場面でこう使う

既習事項を生かしながら、できるだけたくさんの漢字を書かせる活動である。制限時間内にどれだけ書けたかを競う。課題として配信し、返信させてもよいが、2年生であるので、行ったワークシートを写真に撮り、教師に送信させてもよい。

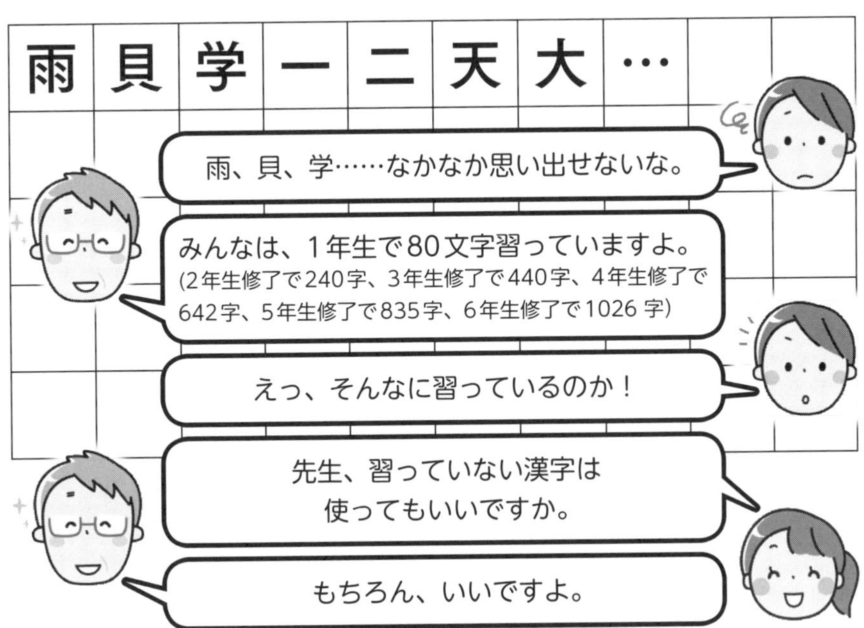

雨 貝 学 一 二 天 大 …
雨、貝、学……なかなか思い出せないな。
みんなは、1年生で80文字習っていますよ。(2年生修了で240字、3年生修了で440字、4年生修了で642字、5年生修了で835字、6年生修了で1026 字)
えっ、そんなに習っているのか！
先生、習っていない漢字は使ってもいいですか。
もちろん、いいですよ。

003：漢字の筆順に注目させたいときに

目かくし漢字 これなあに

●所要時間：15分　●対象学年：2年生
●対象単元：かん字の書き方（東京書籍）
〈つけたい力〉筆順から漢字を推定する力

目をつぶって漢字を書きます。みんなでどの字か当てましょう。

GIGA端末　この場面でこう使う

漢字の筆順を手がかりに漢字を当てる活動である。目をつぶって漢字を書き、その漢字を当てる。一台の端末を教室の大型モニターに映し、デジタルホワイトボードアプリに書かせる。モニターに映し出された文字から正しい文字を推定する。教室大爆笑の活動である。

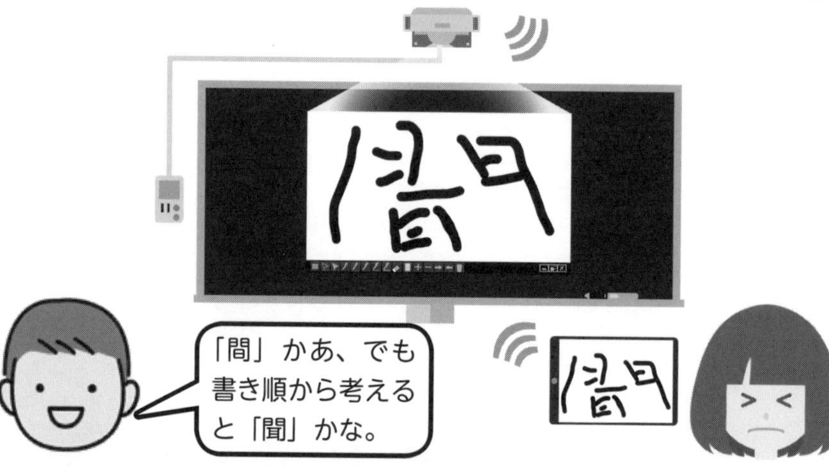

「間」かあ、でも
書き順から考える
と「聞」かな。

学年の漢字のまとめにもピッタリ！

教科書の巻末にある学年のまとめページを活用すると、漢字の選択肢が増え、さらに盛り上がります。面白い字を書くやんちゃ君が大活躍。教室は大熱狂状態になります。

ラストはドボン

●所要時間：20分　●対象学年：2年生
●対象単元：かん字の書き方（東京書籍）
〈つけたい力〉筆順に注目して、漢字を正しく書く力

隣の人と交代で漢字を書いていきます。ただし、書けるのは1画か2画です。最後の1画を書いた方が負けです。

GIGA端末　この場面でこう使う

漢字の筆順を意識させるアクティビティである。協働学習ができるコンテンツ（デジタルホワイトボード等）を使って行う。ペアやグループごとで1枚のシートを使い、交代で1画か2画書く。最後の1画を書いた方が負けとなる。

1　行うグループを指定する（2、3人がちょうどよい）。
2　使用するスライドを指定する（スライドに番号をつけておくとよい）。
3　漢字は、教師が指定してもよいし、「漢字ドリルの〇番の漢字」などと指定してもよい。
4　じゃんけんで先攻後攻を決める。
5　交互に書き進め、勝負をつける。

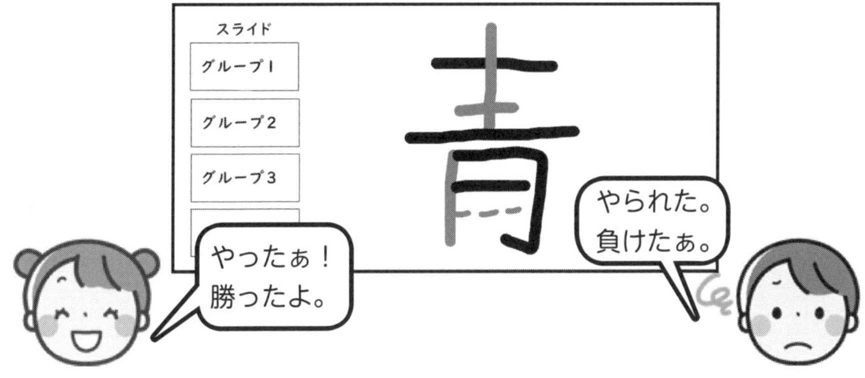

005：音読みと訓読みの違いって

音訓マスター

- 所要時間：45分　●対象学年：3年生
- 対象単元：漢字の音と訓（光村図書）

〈つけたい力〉音読みと訓読みを理解し、使い分ける力

習った漢字の中で、好きな漢字を1つ選んで読み方を調べましょう。できたら、音と訓を両方使った文を考えましょう。

GIGA端末　この場面でこう使う

漢字の音読みと訓読みについて学習する場面である。音と訓や字の由来を学習した後に、習熟を図るためのアクティビティを行う。付属のスライドを人数分コピーして、自分の名簿番号のスライドに書き込ませていく。スライドには漢字の読み方を記入し、音と訓を使った文を考える。調べ学習は、GIGA端末や漢字辞典、教科書の巻末にある漢字のまとめページを使用する。

音訓マスター

(　　)年(　　　)組(　　　)番
名前：

選んだ漢字を書きましょう。

音：ガク、ラク
訓：たのしい

漢字の音と訓をどちらも使って、文を作りましょう。

・音楽は楽しい。

006：勝負は発想力！

オリジナル漢字（車へんの漢字）

●所要時間：30分　●対象学年：3年生
●対象単元：漢字の組み立てと意味（東京書籍）
〈つけたい力〉部首の意味を考え、共通性を見出す力

車へんの新しい漢字を創りましょう。意味も書きましょう。

GIGA端末　この場面でこう使う

教科書の学習の発展形として行いたい。今までに無い漢字を創るという活動は子供たちを熱中させる。「Jamboard」などのホワイトボードアプリで問題を集めて解き合いをすると、活動が活性化する。

007：漢字辞典の使い方を習熟させたいときに

謎の漢字X（エックス）

●所要時間：25分　●対象学年：4年生
●対象単元：漢字辞典の使い方（光村図書）
〈つけたい力〉「漢字辞典の使い方」を生かして、説明する力

太郎さんに謎の漢字が分かるようにヒントを出しましょう。

GIGA端末　この場面でこう使う

「漢字辞典の使い方」の学習のまとめに行う。テレビ会議システムを使って行う。答えを知らない回答者に他の子がヒントを出す。正解に導くためのヒントを、辞書やGIGA端末を使って調べる。

1　教師が回答者以外に問題の漢字を伝える（例：鯨）
2　子供が回答者へのヒントを書く

〈漢字辞典を使って〉

〈GIGA端末を使って〉

〈ヒントを書くときのポイント5〉
①部首　「部首は、〇〇です」
②総画数　「総画数は、〇画です」
③読み方　「この漢字の読み方には、〇〇があります」
④成り立ち　「この漢字は、〜〜という風にできました」
⑤意味　「この漢字には、〜〜という意味があります」

3　回答者へのヒントを発表する

部首は、「うおへん」です。

総画数は19画です。

魚と大きいという意味を合わせた漢字です。

魚という字が入っていますが、哺乳動物です。

4　回答者は、分かったら答えを発表する

分かった！　答えは、「鯨」だね。

【ヒントを出す人】
ヒント1つ……………1ポイント
正解を導いたヒント…2ポイント

【解答者】
答えが合っていたら…1ポイント

オンライン授業 事始め

オンライン授業を始めるときに、一番不安になることは、回線が切れて退出してしまうことです。ですから、事前に教室で落ち着いて会議に入り直す練習をしておくことが必要になります。この授業の「1」のところでは、回答者が一度わざと退出し、入り直すという方法をとることもできます。オンライン授業の導入期や4月にこのようなパーツを経験させておくとスムーズに導入できます。

008：あなたの考えた熟語が将来使われるかも

オリジナル熟語

●所要時間：20分　●対象学年：5年生
●対象単元：和語・漢語・外来語（光村図書）
〈つけたい力〉対象の特徴や様子を考えて、漢字で表現する力

次のオリジナル熟語 は、何を表しているでしょうか。

GIGA端末　この場面でこう使う

日本では古くから、新しいものが入ってきたとき、特徴や様子、音、時には新しい漢字を作って表現してきた。そこで昔の人になりきって、熟語を創作する活動を行う。GIGA端末で対象の特徴や様子を調べる。できた問題はチャットに書き込み、友達に解いてもらう。

（1）百獣王　（　ライオン　）

（2）首長獣　（　キリン　）

（3）白黒熊　（　パンダ　）

（4）最速獣　（　チーター　）

（5）高速鳥　（　ハヤブサ　）

（6）最大海生物　（　シロナガスクジラ　）

（7）寝獣　（　ナマケモノ　）

〈ヒント、（　）内は実際の漢字〉
キリン（麒麟）　チーター（狩猟豹）　ハヤブサ（隼）　ナマケモノ（樹懶）
パンダ（大熊猫）　ライオン（獅子）　シロナガスクジラ（白長須鯨）

オリジナル熟語２

◆次の言葉を、GIGA端末で調べて、漢字で表してみましょう。

（1）スーパームーン　＊月の現象　（　例：最接近月　）

（2）オーロラ　＊光の現象　（　例：発光大気　）

（3）プロミネンス　＊太陽の現象　（　例：太陽炎　）

（4）ダイヤモンドダスト　＊氷の現象　（　例：空気結晶　）

（5）フロストフラワー　＊氷の現象　（　例：氷花　）

授業で使える！豆知識

〈新しいものを漢字で表す　音訳と意訳〉

日本語の表記は、平仮名と片仮名、漢字、ローマ字と４種類もあり、覚えるのが大変です。しかし、便利な面もあります。明治時代、ヨーロッパから文化・文明が大量に入ってきた際、仮名を使い、近い音で表現することができました。

漢字の国、中国では、音に合わせるのではなく、意味に合わせて漢字を当てました。例えば、ラジオは「収音機」、コンピュータは「電脳」というように、です。

しかし近年では、大量に新しい言葉が入ってくるため、音を当てた言葉も増えてきているようです。では、次の言葉は、何を表しているでしょうか。

●可口可楽（シュワっとする飲み物です）

＊これ以外にも様々な表記があるようです。

答え：コカ・コーラ

009：特別な読み方の漢字を教えたいときに

チャレンジ！ 熟字訓

- 所要時間：10分（ワークシート１枚につき） ●対象学年：５年生
- 対象単元：漢字の読み方と使い方（光村図書）

〈つけたい力〉特別な読み方をする漢字を正確に読む力

２つ以上の漢字を組み合わせると、違う読み方になる熟語があります。次の漢字は、どんな読み方をするでしょうか。

GIGA端末　この場面でこう使う

二字以上の漢字が結びついた言葉の中で特別な読み方をするものを熟字訓という。教科書の練習問題の発展学習として行う。ワークシートを配信して取り組む。GIGA端末を使って、調べてもよい。端末を持ち帰り、家庭から提出するオンライン宿題にもピッタリ！

チャレンジ！熟字訓　中級編

（　　）年（　　）組（　　）番

名前（　　　　　）

次の漢字は、何と読むでしょうか。カッコの中に読み仮名を書きましょう。

①小豆（あずき）
②田舎（いなか）
③乙女（おとめ）
④五月雨（さみだれ）
⑤時雨（しぐれ）
⑥竹刀（しない）
⑦太刀（たち）
⑧梅雨（つゆ）
⑨日和（ひより）
⑩若人（わこうど）

チャレンジ！熟字訓 書き問題編

（　　）年（　　）組（　　）番

名前（　　　　　　　）

解答

次の平仮名を漢字に直しましょう。カッコの中に答えを書きましょう。

①あきんど（商人）
＊品物を買い入れて、それを売ることを仕事にしている人の古い言い方。

②おはこ（十八番）
＊その人のもっとも得意な芸のこと。

③かっぱ（河童）
＊日本人の心に生きてきた想像上の動物。川や沼にすみ、泳ぎがうまい。

④やまと（大和）
＊日本国の古い呼び名。

⑤みやげ（土産）
＊旅で味わった楽しみを、旅に行かなかった人にも分けるため、旅先で手に入れて持ち帰る品物。

⑥しけ（時化）
＊天気が悪く、海が荒れること。

授業で使える！豆知識

〈漢字の優れた造語力〉

漢字は、一字一字がある一定の意味を表している表意文字です。ですから、そのものを知らなくても何となく意味を理解することができます。例えば、「新聞」を知らなくても、何か新しい情報が得られそうだということがイメージができます。

これは、英語やドイツ語でも可能なのですが、英語やドイツ語はラテン語やギリシャ語に由来するものが多いため、現代の人にとってはなかなか理解するのが 難しい のです。

では、この表意文字。どんなよいことがあるのでしょうか。それは、新しいものを生み出せることです。今までにないものが現れたとき、意味に基づいて新しい言葉を生み出すことができるのです。

010：聞く力を楽しく伸ばしたいときに

ステレオゲーム

●所要時間：25分　●対象学年：1年生
●対象単元：きいて つたえよう（東京書籍）
〈つけたい力〉友達の言っていることを落とさずに聞く力

友達が言う言葉をつなげるとある言葉になります。何でしょう。

GIGA端末　この場面でこう使う

教師に聞いたことをみんなに伝える学習の発展学習として行う。教師から聞いた一文字を何人かで一斉に言う。文字をつなげて、どんな言葉になるかを当てるゲームである。伝える子には、教室全体に伝わる声の量で発表するよう指導する。聞く子は、GIGA端末を使ってミラーリングした映像を見ながら、言葉を予想する。

GIGA端末を使って、伝える子どもを画面に映すことで、席が遠い子もある程度の大きさで見ることができます。

聞こえてくる声と画面に映った友達の口形を併せてみることは、答えを当てるためのヒントになります。

オンライン授業で行うことも可能ですが、音声に遅延が発生することがありますので、注意が必要です。

聞き取りトレーニング

●所要時間：30分　●対象学年：1年生

●対象単元：はなしたいな　ききたいな（東京書籍）

〈つけたい力〉相手の話していることを正確に聞き取り、書く力

先生が読むのを聞いて、その通りにノートに書きましょう。

GIGA端末　この場面でこう使う

教師が問題を読む映像を配信して、聴写する。言葉のまとまりを意識できるようになるまで子供が繰り返し見ることができるようにする。映像を撮影しておくと、GIGA端末を持ち帰って、家庭でも練習できる。

せんせいは 、(てん)

プリンがすきです 。(まる)

途中までしか書けなかったから、もう1回見よう。

ちゃんと1回で、聞いて書けたよ。

聴写の効果

　聴写は、人の話を正確に聞くことの基本の力になります。インタビュー活動や話し合い活動を充実させるためには、聞く力の育成が必須です。短く繰り返し行うと効果的です。

012：爆笑必至、答えを聞き取れ！

アンサー　パピプペポ

●所要時間：30分　　●対象学年：1年生
●対象単元：ともだちのこと、しらせよう（光村図書）
〈つけたい力〉相手の言っていることを聞こうとする力

友達のことを知るために質問をします。ただし、答える人は「パピプペポ」しか話せません。みんなで答えを予想して当てましょう。

GIGA端末　この場面でこう使う

オンライン授業やハイブリッドなタイプの授業で行う。友達のことを知るために質問をする場面である。質問者は普通に話すが、解答者は「パピプペポ」しか話してはいけない。質問者や他の子は、答えをよく聞き、解答者のニュアンスから答えを推定する。

たけしさんのことについて聞いてみましょう。
どんなことが知りたいですか。
ワークシートに書いてみましょう。

たけしさんの好きな食べ物は何ですか。

プペーピ（ステーキ）

あはは、面白いなあ。
プペーピかあ。プペーピ、プペーピ……。
あっ、もしかしてステーキ!?

013：誰が一番早く持ってくるかな

オンラインおつかい

●所要時間：30分　●対象学年：１年生
●対象単元：つづけよう③（光村図書）
〈つけたい力〉話し手が伝えたことを落とさずに聞く力

緑色の丸いものを持ってきましょう。画面で見せてもよいものにしてくださいね。制限時間は3分間です。それではどうぞ！

GIGA端末　この場面でこう使う

教師の提示した問題に適したものを持ってきて、画面に見せる。オンラインで家庭とつないで行うため、教室よりも多様なものが登場してダイナミックに行うことができる。しかし、見せてよいものやいけないものなど、プライバシーの指導を事前にしておく必要がある。

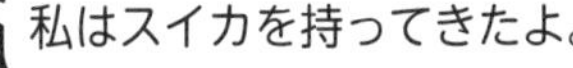

僕もボール持ってきたよ。

私はスイカを持ってきたよ。

ボールを持ってきた子が多かったね。

スイカというアイディアは
おもいつかなかったな。驚いたよ。

〈プライバシーを確保するために：背景の変更（Microsoft Teams)〉
①ビデオをオンにします。
②背景フィルターをタップします。
③「ぼかし」をタップします。

漢字Activity
表現Activity
言語力Activity
漢字Game
表現Game
言語力Game

014：インタビューの基本を学ばせたいときに

はい、いいえゲーム

●所要時間：25分　●対象学年：3年生
●対象単元：仕事のくふう、見つけたよ（光村図書）
〈つけたい力〉自分の知りたいことを尋ねる力

3人の人が「はい」と答える質問を考えましょう。

GIGA端末　この場面でこう使う

インタビュー活動の最も簡単なものに、「はい」と「いいえ」で答えられる質問がある。このような質問の仕方を習得することを目標に、単元の導入で行う。指定された人数になるような質問をみんなに投げかける。テレビ会議システムの「手を挙げる」ボタンで集計する。指定された人数にピッタリなら1ポイントとする。

このクラスの3人の人が「はい」と答える質問を考えて、ワークシートに書きましょう。

外国に行ったことがある人はいますか。

参加者
たろう
さとし
みほ
のりこ

実践のアレンジ

その1：「このクラスの1人だけ」や「2人がいいえの質問」など、人数に変化をつけると楽しく進められます。
その2：ピッタリなら3点、前後賞（3人なら2人や4人）なら1点と点数に変化をつけても面白いです。
その3：テレビ会議システムのよさを生かし、隣のクラスと、違う学年となど、集団の規模を変えることもできます。

015：スピーチがどんどん上手くなる

スピーチ検定

●所要時間：45分×２回　●対象学年：４年生

●対象単元：聞いてほしいな、心に残っている出来事（東京書籍）

〈つけたい力〉言葉の抑揚や強弱、間の取り方を工夫して話す力

スピーチの練習をします。ビデオに撮って見返してみましょう。

GIGA端末　この場面でこう使う

スピーチ練習の場面で、自分のスピーチを録画して見返すパーツを取り入れる。自分のスピーチを客観的に見て、スピーチが上達することをねらう。

もっと、ゆっくり話した方がいいな。キーワードを強調して言ってみようかな。

■スピーチ指導のステップ

Step 1：評価のポイントを伝える
「目線」「ちょうどよい声量」「間」「リズムとテンポ」などのスピーチのポイントを教師が示します。

Step 2：変化のある繰り返しで練習する
個人、ペア、グループなど変化のある繰り返しでスピーチする経験を増やします。この段階でビデオ撮影も行います。

Step 3：個別評定で自分の立ち位置を伝える
教師から評定されることで、できていることやもっと工夫できることに気づくことができます。

GIGA端末でもう一工夫

ビデオで撮影した映像をファイルとして提出させることで評価の材料にすることもできます。

016：話し合い活動を一歩レベルアップさせたいときに

話し合いジャッジメント

●所要時間：20分　●対象学年：6年生
●対象単元：話し合って考えを深めよう（東京書籍）
〈つけたい力〉話し合いを深めたり、展開したりする力

観光案内では、共通語より方言を使った方がよいという考えに賛成ですか、反対ですか。

GIGA端末　この場面でこう使う

話し合う力をつけるためには、話し合い活動の経験をたくさん積めばよい。そのためには、少人数での話し合い活動が有効である。その際に、グループでの話し合いをビデオ機能で撮影する。よい姿があったときには、映像を見ながら全体で共有する。

さくらさんは、通じないと言ったけれど、そこから話題が始まるという面もあると思います。
話してもいい？　まず共通語で伝えて、一部紹介するというのはどうかな。さとし君はどう？
私は、反対です。方言だと他の地域の人には通じないと思います。
確かにそうすれば……
深める話し方をしているね。みんなに紹介しよう。

話し合いをレベルアップさせる話し方

反　論…「○○さんは、こう言っていたけど、僕は～」
話題転換…「話を変えてもいいですか」
巻き込み…「話してもいいですか」「○○さんはどう思いますか」
話題提示…「Aの立場の人の考えを教えてもらえませんか」
「今、このような意見が出ていますが、みんなはどう思いますか」

017：漢詩の世界への興味を広げたいときに

オリジナル漢文づくり

●所要時間：45分　●対象学年：6年生

●対象単元：漢文に親しむ（東京書籍）

〈つけたい力〉漢文の言葉の響きやリズムを理解し、表現する力

オリジナル漢文を作ってみましょう。

GIGA端末　この場面でこう使う

漢文に親しむためには、音読することも大切だが、自分で作ってみるも同じくらい大切である。1行ずつ、こまめにノートチェックをしながら完成させる。できた子からチャットに書き込ませていくことで、苦手な子も参考にできる。できた子には、友達の作品にコメントをさせることで時間差を埋める。

希	桜	惜	梅
望	開	別	落
多	出	皆	卒
満	会	落	業
開	新	涙	迎

テーマ

別れと出会い

漢詩のワザ

①起承転結

②韻（いん）を踏む

③リズム

018：リズムとイントネーションだけで当てよう

イントネーションクイズ

●所要時間：30分　●対象学年：1年生
●対象単元：ともだちのこと、しらせよう（光村図書）
〈つけたい力〉相手の言っていることを聞こうとする力

友達のことを知るために質問をします。答える人は、口を閉じたまま答えます。もし、歯が見えてしまったら質問役と答え役を交代します。時間は3分間です。

GIGA端末　この場面でこう使う

友達のことを知るためにインタビューをする場面で行う。オンラインやハイブリッドなどのタイプの授業を想定している。インタビュアーは友達に次々と質問をする。解答者は、口を閉じたままハミングのような状態で答える。歯が見えたら、質問役と解答役を交代する。

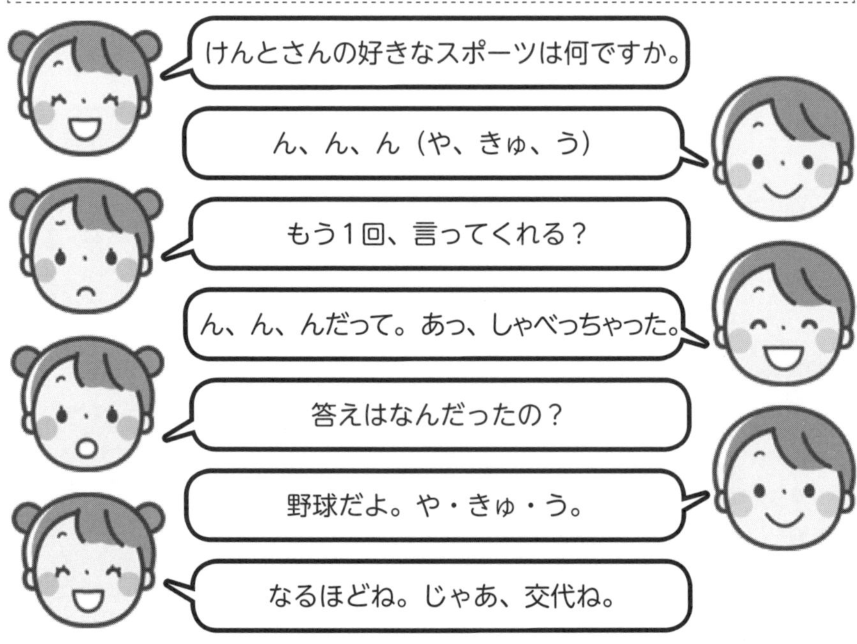

けんとさんの好きなスポーツは何ですか。
ん、ん、ん（や、きゅ、う）
もう1回、言ってくれる？
ん、ん、んだって。あっ、しゃべっちゃった。
答えはなんだったの？
野球だよ。や・きゅ・う。
なるほどね。じゃあ、交代ね。

1　教師と子供で行い、ルールを知らせる。

2　子供と子供で行い、イメージをもたせる。
（数回繰り返す）

3　Zoomのブレイクアウトルーム機能を使い、2人組か3人組で行う。

※ついつい笑ってしまう活動です。上手に進めている子を褒めながら、厳しくなりすぎないように楽しく進めてください。

〈Zoomブレイクアウトルームの作り方〉

①ブレイクアウトルームのボタンをクリックする。　ブレイクアウト ルーム

②グループの数を設定する。（下画面の囲み部分）

1　のブレイクアウト ルームを...

- 自動で割り当てる
- 手動で割り当てる
- 参加者によるルーム選択を許可

③「オプション」で時間の設定を行う。

- 参加者によるルーム選択を許可
- 参加者がいつでもメイン セッションに戻ることができるようにします
- 割り当て済みの全参加者を自動でブレイクアウト ルームに移動
- ブレイクアウト ルームは次の時間後に自動的に閉じます。3 分
  - 時間切れ時に自分に通知
- ブレイクアウト ルームを閉じた後のカウントダウン
  - カウントダウン タイマーを設定: 10 秒

すべてのルームを開始

④「すべてのルームを開始」ボタンを押すと始まります。

019：相手に分かりやすく伝える力を伸ばしたいときに

目指せ、説明名人！

●所要時間：45分×２時間　●対象学年：２年生
●対象単元：ことばで絵をつたえよう（東京書籍）
〈つけたい力〉相手に伝わるように順序立てて話す力

どの順番で説明すると、分かりやすくなりますか。メモの順番を入れ替えながら考えましょう。

GIGA端末　この場面でこう使う

絵を言葉だけで説明し、相手に伝わるように話す学習である。順序立てて説明できるように「まず」「次に」「それから」というキーワードを使いながら文章を書かせる。その際に、どの順番で話すと伝わりやすいかを考える思考メモとして、Padletのタイムライン機能を使用する。思考メモの順番を入れ替えながら、相手に伝わるような説明文を書く。

Padletの画面（タイムライン）

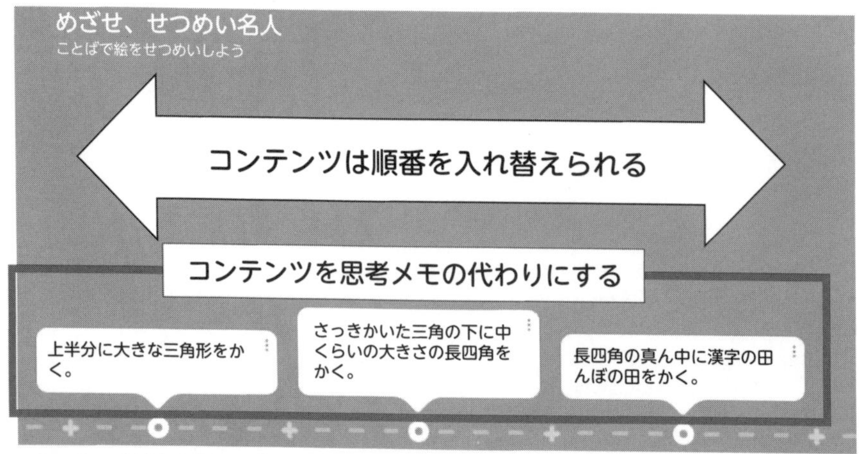

※Padletは掲示板アプリです。７種類のボードを選択することができるため、思考ツールとして役立ちます。ここでは、タイムラインを使用します。

1　思考メモを見ながら、友達に説明する

まず、紙の上半分に大きな三角形を描きます。
次に、中くらいの長四角を描きます。
……

長四角は分かったんだけど、
どこに描いたらいいの？

2　コンテンツの順番を入れ替えたり、言葉を付け加えたりしながら、説明文を修正する

まず、紙の上半分に大きな三角形を描きます。
次に、三角の下に中くらいの長四角を描きます。
最後に、長四角の真ん中に田んぼの田を描きます。

今度は分かったよ。家の絵だね。

3　完成した思考メモを基にして説明文を書く

めざせ、せつめい名人

（　　）年（　　）組（　　）ばん

名前（　　　　　）

○あいてにつたわるように絵のせつめい文をかきましょう。

まず、紙の上半分に大きな三角形をかいてください。

つぎに、今かいた三角形の下に中くらいの大きさの長四角をかいてください。

それから、長四角のまん中に、漢字の田んぼの田をかいてください。これでかんせいです。

020：スピーチ力アップ、自己肯定感もアップ！

宝物スピーチ

●所要時間：45分×２時間　●対象学年：２年生

●対象単元：たからものをしょうかいしよう（東京書籍）

〈つけたい力〉紹介したいことを伝える力

初めのスピーチと今のスピーチを見比べてみましょう。

GIGA端末　この場面でこう使う

子供たちは一生懸命スピーチをするが、自分がどう話しているのかはなかなか理解していない。そこで、自分のスピーチの映像を単元の始めと終わりで２回撮る。変容を自分で認識することでスピーチ力の向上を実感できる。自分がうまくなったことがわかれば、自己肯定感も上がる。

みんなの宝物は、どんなものがありますか。例えば、ずっと大切にしているものや小さいころに遊んでいたものなどです。

ずっと大切にしているぬいぐるみかな。

誕生日に買ってもらったグローブだな。

僕は絶対、ポチ！ かわいいんだ。

声の大きさがもう少し大きくなると聞きやすくなると思うよ。

はっきり話せているから、もう少しゆっくり話してくれるとうれしいな。

ありがとう！ アドバイスのおかげで前よりもうまく話せるようになったよ。僕、スピーチ得意かも！

みんなに　しょうかいする　たからものについて　げんこうを書きましょう。

はじめ

●ぼくのたからものはペットの犬です。
●かいはじめたのは、今年の夏からです。来たばかりの時は、本当に小さかったです。ぼくが家に帰ると、すぐにとんできて、ぼくの顔をペロペロとなめます。そこもかわいいところです。いつもあそんでいます。

なか

●これからもいっしょにあそびたいです。

おわり

一　げんこうが　できたら　ビデオで　さつえいしましょう。

二　友だちに　聞いてもらって　アドバイスを　もらいましょう。

○声の　大きさは　ちょうどよかった　ですか。
○話す　はやさは　ちょうどよかった　ですか。

もらったアドバイス

声の大きさがもう少し大きくなると聞きやすくなる。
はっきり話せている、もう少しゆっくり話すといい。

三　もらった　アドバイスを生かして　もう一度　さつえいしましょう。

一言かんそう

・アドバイスのおかげで前よりもうまく話せるようになったよ。

できていたら　□に　チェックを　入れましょう。
□ちょうどよい声の大きさで話せた　□ちょうどよいはやさで話せた

021：修飾語に注目させたいときに

どれだけ詳しく書けるかな

●所要時間：45分　●対象学年：2年生
●対象単元：ようすをあらわすことば（光村図書）
〈つけたい力〉様子をより詳細に表現する力

イラストを見て、できるだけ詳しく文を書きましょう。

GIGA端末　この場面でこう使う

様子を詳しく書く学習である。基本となる文に形容詞やオノマトペを付け加えながら様子を詳しく表現していく。まず、全員でやり方を確認する。次に、PowerPointにあるイラストを使って自分で文を書く。教師は途中で個別評定を行い、子供の良さを周りに広げていく。

1　思考メモを見ながら、友達に説明する

「ねこが ねる。」

この文にことばをくわえて、できるだけくわしくしてみましょう。

みかんが二つおいてあるあたたかいこたつの中で白いねこが顔を出して、気持ちよさそうにねている。

「ねこがねる。」
この文に何か付け加えられる言葉はありませんか。

「気持ちよさそうに」のところで、「目を閉じて」を付け加えるといいと思います。

「みかん」のところで、「おいしそうな」を付け加えられます。

2　自分のスライドに文を打ち込む

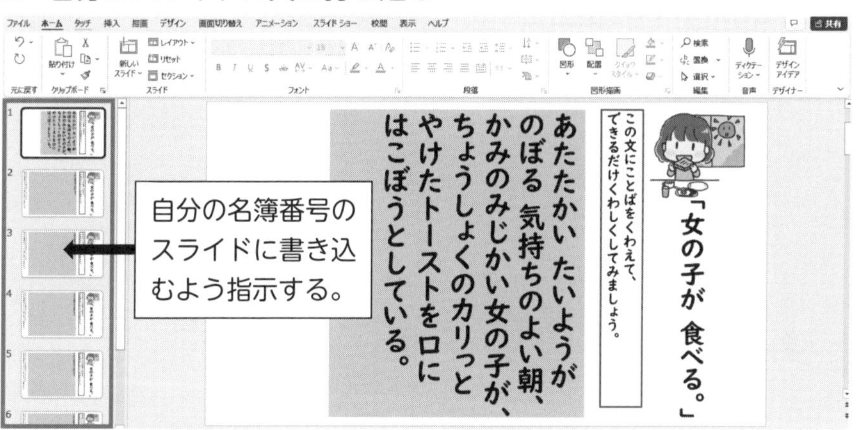

「女の子が 食べる。」
この文にことばをくわえて、できるだけくわしくしてみましょう。
あたたかい たいようが
のぼる 気持ちのよい朝、
かみのみじかい女の子が、
ちょうしょくのカリっと
やけたトーストを口に
はこぼうとしている。
自分の名簿番号のスライドに書き込むよう指示する。

教師は付属のPowerPointを共有し、子供に配信します。途中で見て回りながら、『たいしさんは、「カリっと」という音の言葉が入っていますね。Aです』などと個別評定をしていきます。

〈個別評定の基準例〉
①形容詞、形容動詞を使っている。
②オノマトペを使っている。
③比喩を使っている。
・上記の１つを使っている…B
　２つ使っている……A
　３つ使っている……AA

022：今までの自己紹介をアップデート

バーチャル背景で自己紹介

●所要時間：45分　●対象学年：3年生
●対象単元：よく聞いて、じこしょうかい（光村図書）
〈つけたい力〉相手に伝わるように、事例を挙げて話す力

テレビ会議システムを使って、自己紹介をしましょう。

GIGA端末　この場面でこう使う

音声言語だけで進む自己紹介スピーチをバーチャル背景で視覚化することで、聞き手を引き込むスピーチに変化させることができる。

僕は、野球を習っています。
この前買ってもらったグローブが宝物です。
日曜日の試合では、初めてヒットを打ちました。……

Step 1：自己紹介の文章を書く

Step 2：プレゼンテーションアプリを使ってスライドを作る

文字入力でもよいですが、イラストや写真があればよりよいです。学校に持ってこられない物は、GIGA端末を家に持ち帰らせ、写真に撮らせておくと便利です。

フリー素材のイラストを使用してもよいです。

写真やイラストを長押しで「コピー」、スライドを長押しで「貼り付け」の2つを指導しておくとよいです。

Step 3：テレビ会議システムで自己紹介のスピーチをする

進め方についてMicrosoft Teamsを例にします。

（1）テレビ会議ステムに参加します。

（2）スポットライトを設定します。

（3）画面共有をします。

（4）スタンドアウトを選択します。

（5）ウィンドウを選択し、自分が作ったスライドをタップします。

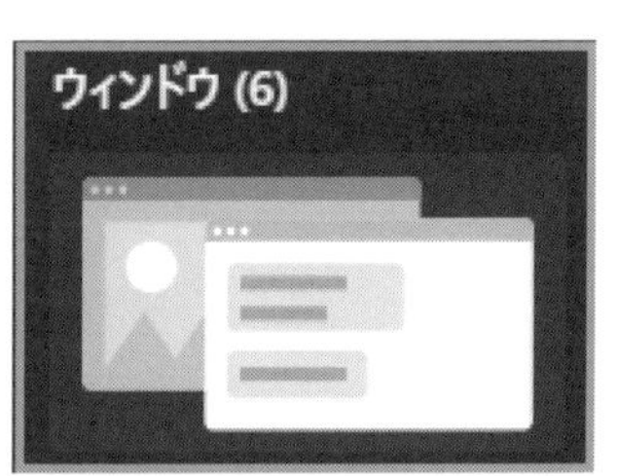

（6）画面に自分とスライドが表示されたらスピーチを始めましょう。

授業で使える！豆知識

〈こんな方法も……〉

教室だけで行うなら、もっと簡単に行うことができます。
GIGA端末の画面をテレビ画面に転送する方法です。
ミラーリングといいます。
「Apple TV」や「Chrome Cast」などの機材があれば、画面を転送することができます。
スライドがあるだけでも、自己紹介のスピーチは激変します。

023：写真と俳句で感動を伝えよう！

フォト俳句で句会を開こう

●所要時間：45分　●対象学年：3年生

●対象単元：俳句に親しむ（東京書籍）

〈つけたい力〉感じたことや伝えたいことを俳句として表現する力

心が動いた瞬間を写真に撮って、俳句を作りましょう。

GIGA端末　この場面でこう使う

俳句に写真を添えることで1つの作品として仕上げることができる。GIGA端末で写真を撮り、プレゼンテーションアプリを使用して俳句を添える。友達と見せ合って、コメント機能で感想を伝える。

菜の花や
あの子とみつめた
あの海と

〈フォト俳句の作り方〉

1　テーマを決めましょう。（クラスで話し合ってもいいですね）

2　テーマに合った写真を撮りましょう。

＊人物を撮るときは、許可を得ましょう。

＊写真を撮るときには、周りに危険がないか確認しましょう。

3　写真を見て、わかったことや気がついたこと、思ったことを短い言葉で、できるだけたくさん箇条書きにしましょう。

4　季語（季節を表す言葉）を1つ決めましょう。

5　「五・七・五」の形にしてみましょう。

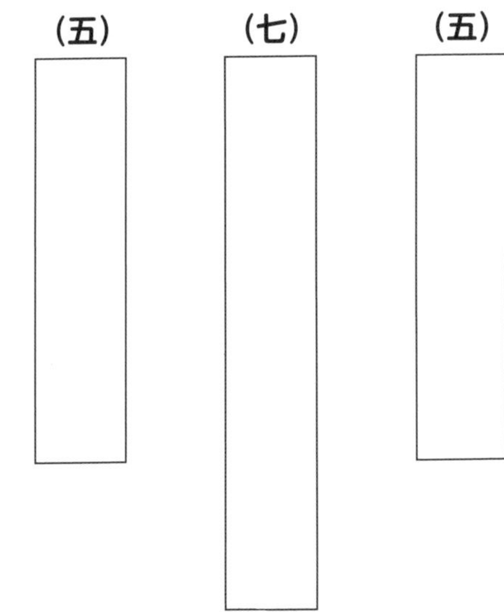

6　プレゼンテーションアプリに写真を貼りつけましょう。

7　俳句を入力したら、レイアウトを工夫して、作品を仕上げましょう。

8　友達の作品を見て、感想をチャットに書き込みましょう。

024：物語の起承転結を考えさせたいときに

4コマアニメーション作文

●所要時間：45分×２　●対象学年：３年生
●対象単元：想ぞうを広げて物語を書こう（東京書籍）
〈つけたい力〉場面を意識して文章を書く力

動く４コマ漫画を作ってみましょう。できたら文を付けましょう。

GIGA端末　この場面でこう使う

単元の発展課題として行う。４コマ漫画を自分で作り、それに文章を加える。Scratch Jrを使用することで４コマアニメーションに大変身。簡単なプログラミング体験と併せて行うことができる。作文もGIGA端末の文書作成アプリで行う。修正が簡単で、きれいに仕上げることができる。

〈Scratch Jrの画面〉

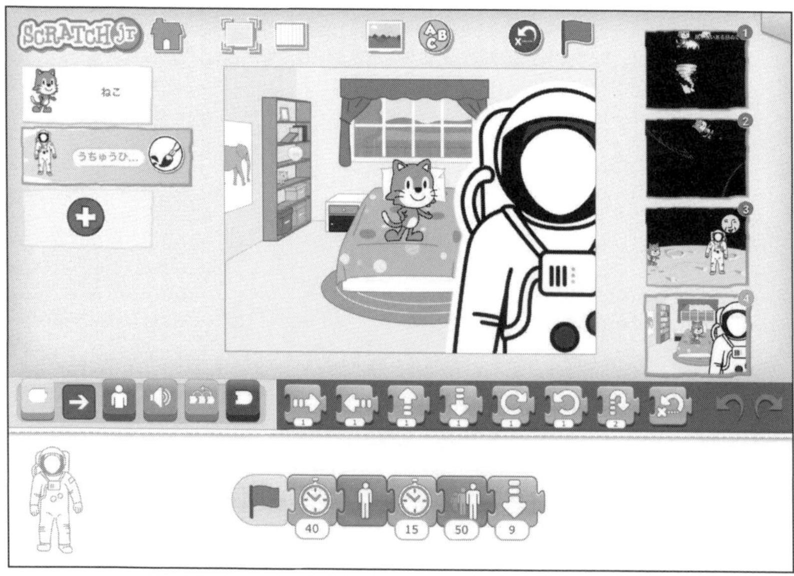

1　起承転結について知る

〈起承転結の一例〉
起…はじめに
承…次に
転…ところが
結…とうとう

4コマ漫画は、起承転結を教えるのにわかりやすい教材です。一例として、右のように分けることができます。右のような展開を教えておくと、物語のあらすじや設定を作りやすくなります。

2　4コマアニメーションを作る

キャラクターに命令を出したり、背景を選んだり、吹き出しを付けたりしながら、4コマアニメーションを作っていきます。試行錯誤しながら作っていく中で、プログラミング的思考が育まれていきます。

3　4コマアニメーションに文章を付ける

①それは、風の強い夜のことでした。森の中を歩いていると、 「ガザガザ、ガザガザ」 遠くから風の音が聞こえました。その音は、だんだんと近づいてきました。「嫌だなあ」そんなことを思っていると、目の前は風の壁。
②「うわあ」 気づいたら、空を旅していました。嵐に巻き込まれ、飛ばされていく私。始めは何とかならないものかと抵抗していましたが、それは無駄だと知り、自分の身を嵐に委ねてみることにしました。そう考えると面白いもので、優雅に空から地面を眺めていました。
③ところが、降り立ったのはどこか別の星でした。そう、私は宇宙まで飛ばされてしまったのです。何とか家に戻るために、私は歩き始めました。しかし、どこまで行っても、岩、岩、岩。 何時間ほど歩いたでしょうか。ついに私はこの星を1周してしまいました。その時、向こうから宇宙服を来た一人の人が。
④「はっ、夢か」 目を覚ましたのは、ベッドの上でした。 「なんだ、変な夢だなあ」 体を起こすと、部屋の隅に宇宙服を着た人影が。 「なぜ、あなたがここに」 「ふふふ、なぜいるのでしょうね」

025：目指せ、小説家！

ショートストーリー選手権

●所要時間：45分×3時間　●対象学年：3年生
●対象単元：想ぞうを広げて物語を書こう（東京書籍）
〈つけたい力〉言葉からイメージを広げ、物語を書く力

物語の中心となる自分の一字を決めましょう。

GIGA端末　この場面でこう使う

想像を広げるための手がかりとして、物語の中心となる漢字一字を選び、その文字からイメージを広げて短い物語を書かせる。文書作成アプリで入力し、提出させた後、友達の作品を読み、コメントさせる。

「もう絶対に会いたくない」
親友とのケンカでふさぎこんでしまった私。何でも相談できるのはAIロボットだけだった。のめりこめばのめりこむほど、私の世界から色が失われていく。モノクロの世界。
……

出だしの一文から引き込まれていきました。

こんな結末だったのかと驚きました。

例）自分の名前から一字
自分の性格を表す一字、
好きな花から一字
趣味から一字　　など

〈授業の流れ〉

1　自分の一字から想像を膨らませて、物語の鍵となる言葉とその良さ（悪さ）を書き出してみましょう。

花（色、カラフル、あたたかさ）⇔ AIロボット（無機質、感情がない）

2　中心人物を決めましょう（人でも動物でも物でもよいです）。

わたし

3　どんな事件（出来事）が起こり（解決し）ましたか。

親友とのケンカで人が信じられなくなる。何でも聞いてくれるAIロボットに心を寄せていく。バーチャルな世界に入り込むほど、世界から色が失われていく。助けようとする親友。ある日、親友から届いた手紙に添えられた一輪の花から色を思い出していく。

4　ワークシートにショートストーリー（800～1200字）を書きましょう。文書作成アプリを使って、入力しましょう。

5　ショートストーリーが完成したら、先生にファイルを提出しましょう。

6　友達の作品を読んで、グッドボタンを押したり、コメントを付けたりしてみましょう。

（1）掲示板機能を使って
（例　Teamsなど）

（2）付箋機能を使って
（例　Jamboardなど）

出だしの一文が印象的でした。

アイディアがすごいなと思いました。

冬のイメージとぴったりなお話でした。

最後は、心が温まるような物語になっていました。

クライマックスの時はドキドキしました。

026：みんなで取り組むと意外な展開の物語に！

チャット DE 創作物語

●所要時間：45分×２時間　●対象学年：４年生
●対象単元：山場のある物語を書こう（東京書籍）
〈つけたい力〉山場で起こる変化を中心として物語を構成する力

山場のある物語を書きます。班で協力して１つの物語を書きます。一文ずつリレーして書いていきましょう。

GIGA端末　この場面でこう使う

１人１人に物語を書かせていくと、かなりの時間差ができる。そこで、チャットを活用して班ごとに物語を作らせる。一文ずつリレーして書き進める。苦手な子も一文ずつなら取り組みやすくなる。

１　基本設定（登場人物、時、場）について話し合う

【設定について、話し合って決めましょう】

中心人物について決めましょう。

○二重丸の中に中心人物の名前を書きます。思いついたこと（性格や年齢、特徴など）を周りに付け足して線でつなぎましょう。

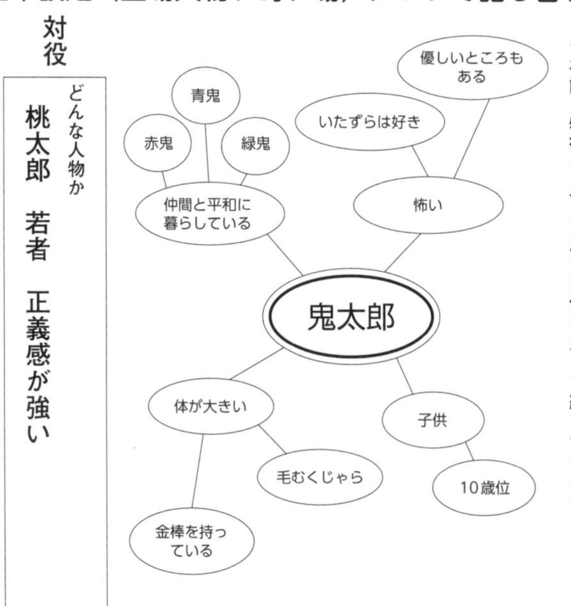

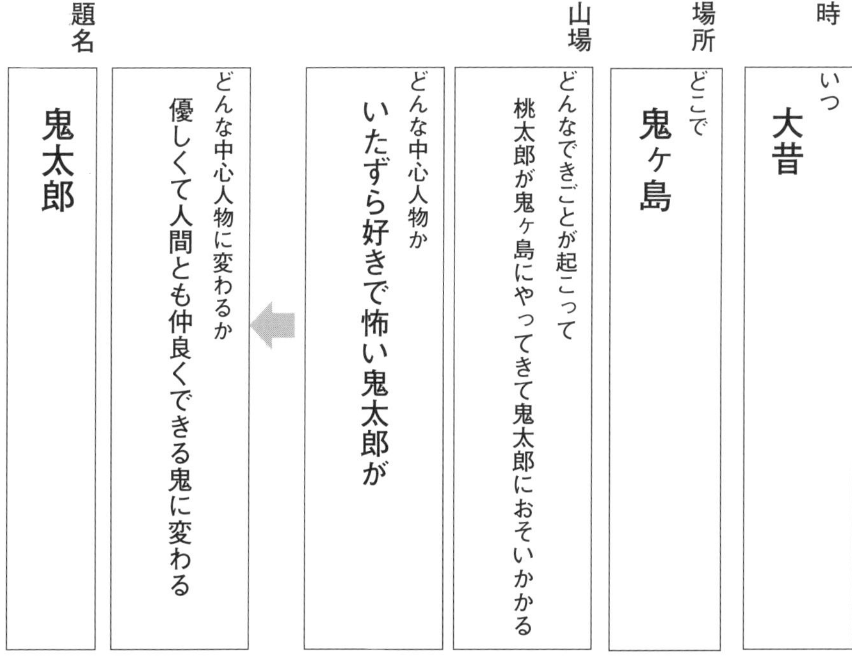

時
いつ
大昔
場所
どこで
鬼ヶ島
山場
どんなできごとが起こって
桃太郎が鬼ヶ島にやってきて鬼太郎におそいかかる
どんな中心人物か
いたずら好きで怖い鬼太郎が
どんな中心人物に変わるか
優しくて人間とも仲良くできる鬼に変わる
題名
鬼太郎

2　一文交代でチャットに物語を書き込む

Microsoft Teams のチャット機能に班ごとの掲示板を作っておきます。子供は、それぞれ自分の班の掲示板のところに書き込んでいきます。困ったら相談してもよいということにしておくと、苦手な子も取り組みやすくなります。

3　途中で読み合ったり、個別評定をする

会話文を入れたり、文学的な表現をしたりしている班を取り上げて教師が褒めます。すると、全体の作品もレベルアップします。また、途中で読み合う活動を入れると、他の班のよいところや進度が把握でき、活動が活性化します。

4　完成作品を読み合い、感想を書き込む

完成したら、感想もチャットに書き込みます。できた班から次々と取り組ませることで進度の時間差を埋めることもできます。

027：行事作文をレベルアップさせたいときに

書き出しよければ全てよし

●所要時間：45分　●対象学年：4年生
●対象単元：聞いてほしいな、心に残っている出来事（東京書籍）
〈つけたい力〉聞き手を引きつける書き出しを書く力

学習発表会のことを作文に書きます。始まりの一文が書けたらチャットに書き込みましょう。

GIGA端末　この場面でこう使う

スピーチの前段階として、心に残った出来事について作文をする場面である。引きつけるスピーチにするために書き出しの一文を工夫させる。書き出しが良くなると、続く文章も良くなるからである。書き出しの一文が書けたら、チャットに次々と書き込ませていく。個別評定をすることで、書き出しの工夫を引き出すことができる。

1　書き出しの一文をチャットに書き込む

今日、ぼくは学習発表会がありました。

今日は待ちに待った学習発表会の日です。

僕たち四年生の発表は、
総合で勉強した環境のことについてです。

2　教師が個別評定をする

太郎さんのは、誰にでも言えることですね。Cです。
さくらさんのは、よくある書き出しですね。Cです。
ひろとさんのは、少し具体的ですね。Bです。
もう一度、書いてみましょう。

＊学級の実態に応じて、参考になる書き出しや過去の作文のよいものを紹介します。

3　再度、書き出しの一文を考えてチャットに書き込む

「次は、四年生の発表です」
僕の緊張はピークに達した。

「人、人、人」
さっきから何度、手に人という字を
書いたのだろう。

太郎さんのは、緊張感が伝わってきます。Aです。
さくらさんのは、緊張という言葉がなくても緊張が伝わってきます。AAです。
みんなさっきよりもすごく良くなりましたよ。

4　書き出しの一文に続けて原稿を書く

ノートに書いても、文書作成アプリ等に打ち込んでもよいです。文書作成アプリを使うと、修正が簡単です。

028：どの子も短時間できれいな作品に

本の紹介ポップ

●所要時間：45分×２時間　●対象学年：４年生
●対象単元：本をみんなにすすめよう（東京書籍）
〈つけたい力〉本の魅力やよさを効果的に伝える力

PowerPointでおすすめの本を紹介するポップを作ります。フォーマットに打ち込んでいきましょう。

GIGA端末　この場面でこう使う

本を紹介するポップ作りをプレゼンテーションアプリを使って行う。フォーマットを用意しておくことで、どの子も短時間できれいな作品に仕上げることができる。また、コメント機能を使うことで、友達の作品のよさを伝えることができる。

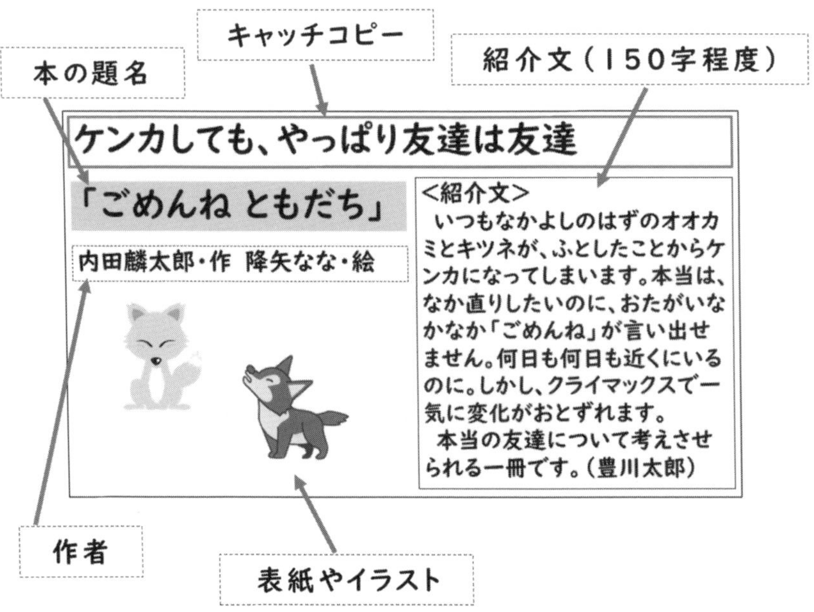

キャッチコピー
本の題名
紹介文（150字程度）
ケンカしても、やっぱり友達は友達
「ごめんね ともだち」
内田麟太郎・作　降矢なな・絵
<紹介文>
いつもなかよしのはずのオオカミとキツネが、ふとしたことからケンカになってしまいます。本当は、なか直りしたいのに、おたがいなかなか「ごめんね」が言い出せません。何日も何日も近くにいるのに。しかし、クライマックスで一気に変化がおとずれます。
本当の友達について考えさせられる一冊です。（豊川太郎）
作者
表紙やイラスト

〈授業の進め方〉

1　QRコードを読み込んで、PowerPointのファイルをダウンロードします。

2　画面右上の「共有」を選択し、クラスで共有できる設定にします。
（Googleスライドでも同じです）

3　スライドを人数分コピーします。
（名簿番号を同じスライドに書き込んでいくように指示します。）

4　各自、ポップ作りに取り組みます。

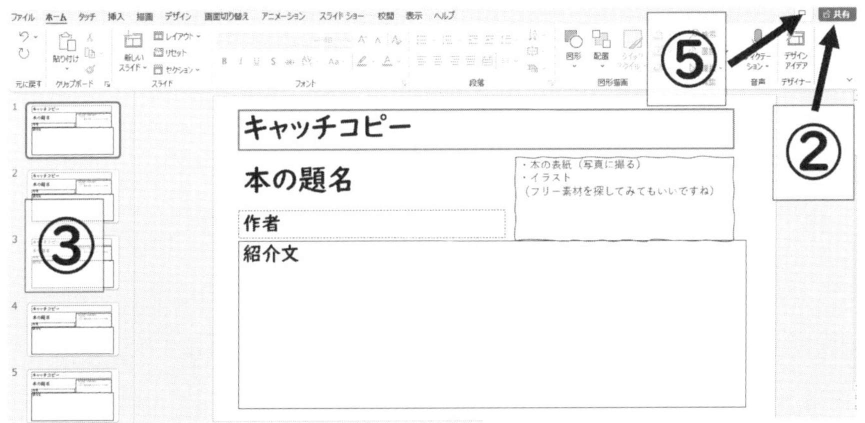

5　完成した子から、コメント機能を使って友達の作品にコメントを書いていきます。

＊端末の使用により、修正が容易になります。
また、リアルタイムで友達の作品を参考にすることができますので、苦手な子も取り組みやすくなります。

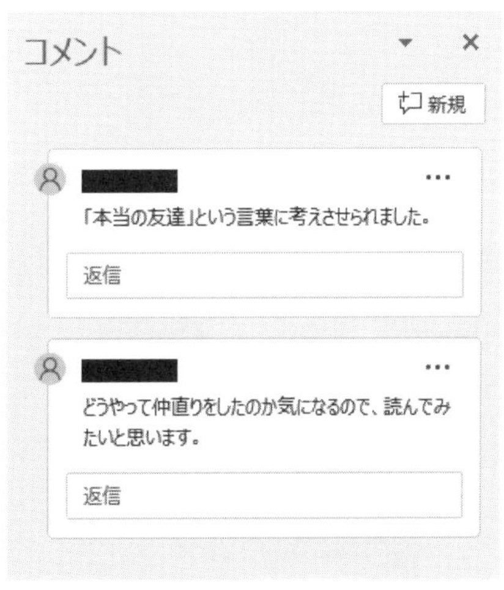

029：意外な答えに逆転現象が起こる？

ミニ大喜利

●所要時間：30分　●対象学年：4年生
●対象単元：自分だけの詩集を作ろう（光村図書）
〈つけたい力〉伝えたいことを明確にして、文を書く力

Ⓑに1つの文を入れましょう。（活動の中盤で）発表したいものをチャットに書き込みましょう。

GIGA端末　この場面でこう使う

詩を作る活動の導入として行う。2文という短く限定された場なので、どの子も活動できる。発表の場面では、子供がチャットに書き込んだものを発表する。思いつかない子も友達の作品を参考にしながら、書くことができる。

ミニ大喜利

Ⓑに一つの文を入れましょう。

Ⓐ私は教室の窓（まど）から外をながめていました。

Ⓑ

私は、教室の窓から外を眺めていました。
なぜなら、テストで0点だったからです。

私は、教室の窓から外を眺めていました。
美しい夕焼けに見とれていたら、
眠ってしまいました。

私は、教室の窓から外を眺めていました。
いつもと変わらぬ平凡な校庭を
見ていただけです。

授業で使える！豆知識

〈オンラインだからこそ、「笑顔でほめ言葉」〉

オンライン授業を行うとき、子供たちは基本的にミュートで参加します。

家族の会話やペットの鳴き声などの生活音が入ってしまうからです。

発言するときにだけ、ミュートを外して、話します。

意見を発表する場面、教室であれば子供の発言に他の子のリアクションがあり、盛り上がっていきます。

しかし、オンライン授業では、リアクションが伝わりづらく、静かになってしまうことがあります。

そんな時こそ、教師のほめ言葉が大切になります。

子供の発表に対して、とびっきりの笑顔でほめます。

単なる笑顔ではありません。

画面からでも伝わるくらいの「笑顔」でほめてあげてください。

だんだんと発表が盛り上がってきます。

030：語彙力を鍛えたいときに

カタカナ禁止説明ゲーム

●所要時間：45分　●対象学年：5年生
●対象単元：和語、漢語、外来語（東京書籍）
〈つけたい力〉カタカナ言葉の特徴をとらえて説明する力

送信するお題について、カタカナ言葉を使わずに説明します。
みんなはそれを聞いて、何を説明しているのか当てましょう。

GIGA端末　この場面でこう使う

外来語を列挙した後、発展学習として行う。指定された外来語をカタカナ言葉を使わずに説明するゲームである。説明した後に、答えを当てたら勝ちとなる。本授業は、オンラインやハイブリッドなどのタイプの授業を想定している。

1　配信されたテーマ一覧から言葉を1つ選び、説明文を書く

1.テレビ	16.ハンバーガー
2.ラジオ	17.パスタ
3.映画	18.ラーメン
4.動画	19.カレーライス
5.DVD	20.シチュー
6.バレンタイン	21.マヨネーズ
7.エイプリルフール	22.ドレッシング
8.ゴールデンウィーク	23.ソース
9.ハロウィン	24.コーラ
10.クリスマス	25.サイダー
11.シュークリーム	26.野球
12.ソフトクリーム	27.サッカー
13.バニラアイス	28.バスケ
14.ショートケーキ	29.テニス
15.パフェ	30.ラグビー

＊始めのうちは、範囲を限定してもよい。
例「1番から5番で選びましょう」
＊慣れてきたら、テーマ一覧以外のものを出題されると難易度が上がり、盛り上がる

2　説明文を発表する

それは、食べるものに関わっています。
野菜にかけるとおいしいです。
味が色々とあります。私は、青じそのものが好きです。
他には、ごまを使ったものや玉ねぎを使ったもの、
和風なもの、洋風なものなどがあります。

＊学級の実態によっては、質問する力や聞く力の育成をねらって、質疑応答を入れてもよいです。

3　答え合わせをする

①やりとりで確認する

解答者を指名し、答えを当てさせます。
答えるのは一人一回とします。
当てたら、説明した人と答えた人に1ポイントが入ります。

②チャットに書き込んで発表する

説明が終わった後に、チャット欄に答えを書き込みます。
解答があっていれば、1ポイントとします。

授業で使える！豆知識

〈実践のアレンジ〉

慣れてきたら、「2」からスタートしてもよいでしょう。その際、お題を子供に決めさせても、教師がダイレクトメッセージで送ってもよいです。

〈ダイレクトメッセージの送信方法〉

①チャットボタンをクリックする　②「全員 ~ 」をクリックし、送信したい相手を指定する

送信先:　全員 ⌄

031：ネットモラルも併せて教えよう

オンライン・フォーラム

●所要時間：45分　●対象学年：6年生
●対象単元：インターネットの議論を考えよう（東京書籍）
〈つけたい力〉意見や主張を工夫して効果的に伝える力

無人コンビニが増えていくことに賛成ですか。あなたの意見をチャットに書き込みましょう。

GIGA端末　この場面でこう使う

教科書での学習の発展学習として、実際にインターネットの投稿を体験させる。学習した効果的な伝え方のスキルの習熟を図る。併せてネットモラルの指導もしたい。

ステップ1：GIGA端末を使って、調べ学習を行う

GIGA端末を使った調べ学習を行い、自分の意見を構築します。書き込むための簡単な意見文を書きます。

← 学習指示画面はこちら

ステップ2：意見をチャットに書き込む

賛成です。前に1回だけ行ったことがあるけど、人がいなくても変わらなかったよ。

反対だな。3割程度の人しか普及するとよいと答えていないという調査があったよ。

賛成だよ。有名な○○さんの本では「これからはAIの進化で無人コンビニが増える」って書かれていたよ。

効果的に伝えるポイント

①自分の体験を入れる
②数値を入れる
③引用する

ステップ3：GIGA 端末を使って、調べ学習を行う。

書き込みを見て、効果的に書き込んでいたのは誰ですか。

さくらさんの意見が効果的だと考えました。なぜなら、調査の数値が入っていて、説得力があったからです。

ひろしさんの意見の方が効果的だったと思うよ。私も○○さんのことは知っているし、影響力のある人だと思うから、納得したよ。

〈実践を発展させて〉

チャットでの会議を経験しておくと、学校生活の様々な場面に生かすことができます。例えば、係活動や委員会活動の話し合いなどにも生かせます。授業でしっかり教えておくからこそ、こうした場面でも有意義な活用ができます。

授業で使える！豆知識

チャットでの投稿を行うと、普段の授業では発言しない子が発言したり、話し合いが活性化したりすることがあります。

その反面、授業にふさわしくない言葉を使ったり、評価ボタン（高評価や低評価）をむやみに押したりする子が出ることがあります。

だから、このようなタイプの授業を行わないのではなく、指導のよい機会と捉え、ネットモラルの指導を行いましょう。

教室という顔の見える環境で練習しておくことが、大切になります。

032：GIGA端末で句会もアップデート

チャット句会

●所要時間：45分×２時間　　●対象学年：６年生
●対象単元：心が動いたことを十七音で表そう（東京書籍）
〈つけたい力〉感動の中心を俳句で表現する力

GIGA端末を使って、季語を調べてみましょう。

GIGA端末　この場面でこう使う

単元の前半では、GIGA端末を使って季語を調べさせる。調べ学習を基にして、俳句作りに取り組む。作った俳句をチャットに書き込む。単元の終末では、友達の俳句にコメントを付けたり、評価ボタンを押すなど、相互評価させる。

1　ワークシートに季節に関わる言葉を書き出す
2　GIGA 端末を使って、季語を調べる
　＊たくさんの季語が載っている「歳時記」の存在を知らせます。

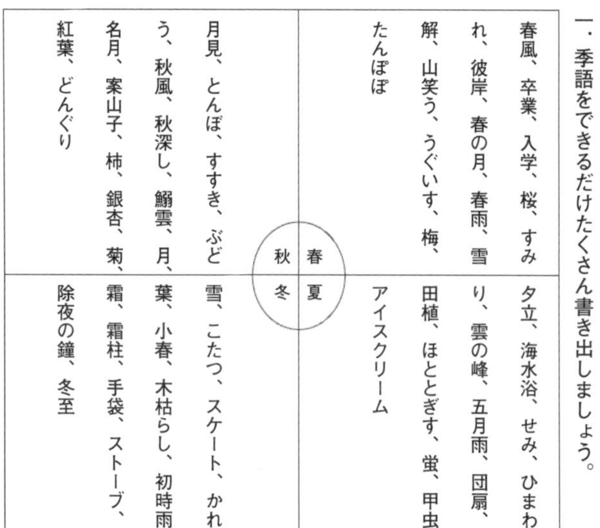

一．季語をできるだけたくさん書き出しましょう。
春
春風、卒業、入学、桜、すみれ、彼岸、春の月、春雨、雪解、山笑う、うぐいす、梅、たんぽぽ
夏
夕立、海水浴、せみ、ひまわり、雲の峰、五月雨、団扇、田植、ほととぎす、蛍、甲虫、アイスクリーム
秋
月見、とんぼ、すすき、ぶどう、秋風、秋深し、鰯雲、月、名月、案山子、柿、銀杏、菊、紅葉、どんぐり
冬
雪、こたつ、スケート、かれ葉、小春、木枯らし、初時雨、霜、霜柱、手袋、ストーブ、除夜の鐘、冬至

3　俳句作りのポイントを示す

①五・七・五の十七音で書く（字余り、字足らずになることもあることを伝える）
②季語を１つ入れる
③切れ字を使う
④直接的な表現を避ける（うれしい、楽しいなどを使わない）
⑤五感を入れる

俳句を書きます。１つ書けたら、先生のところに持ってきます。オンラインの人は、チャットに書き込みましょう。

4　子供が持ってきた俳句を個別評定する

持ってきた俳句は、基本的にほめていきます。「評価言＋評定」という形で伝えると、その良さが他の子に伝播していきます。

「きちんと俳句の形になっていますね。Ｂです」
「夕立という季語を使ったのは、クラスであなたが初めてです。Ｂ」
「切れ字を使って印象的。Ａです」
「比喩を使っていますね。情景が目に浮かぶ！　Ａ」
「見えるものと、においと２つ入っていますね。ＡＡ」

5　自分の書いた俳句の中で最も気に入っているものをチャットに書き込む

6　書き込んだ子からチャットを読み、コメントを書いたり、「いいね」ボタンを押すなどさせる

うさぎのように飛び跳ねるって表現は楽しさが伝わってきます。
セミの音は、確かに暑さを連想させるなあ。
共感できる！

033：言葉の学習のまとめに一行詩はいかが？

一字題一行詩

●所要時間：30分　●対象学年：6年生
●対象単元：言葉の学習を振り返る（東京書籍）
〈つけたい力〉情景を描写したり、例えたりしながら表現する力

一行の詩なので、一行詩といいます。1つ書けたらチャットに書き込みましょう。

GIGA端末　この場面でこう使う

「言葉の学習を振り返る」の発展学習として一行詩に取り組む。一行と短いため、表現に工夫が生まれやすい。チャットにたくさんの詩を書き込ませていくことで、友達の作品を参考にすることができる。最後にそれらをつなげると、簡単な詩のできあがり！

1　一字題一行詩について知る

付属のコンテンツを提示しながら、一字題一行詩について教えます。

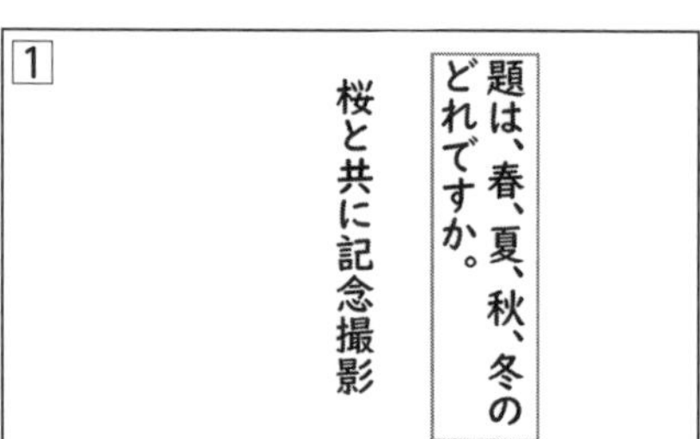

1
題は、春、夏、秋、冬のどれですか。
桜と共に記念撮影

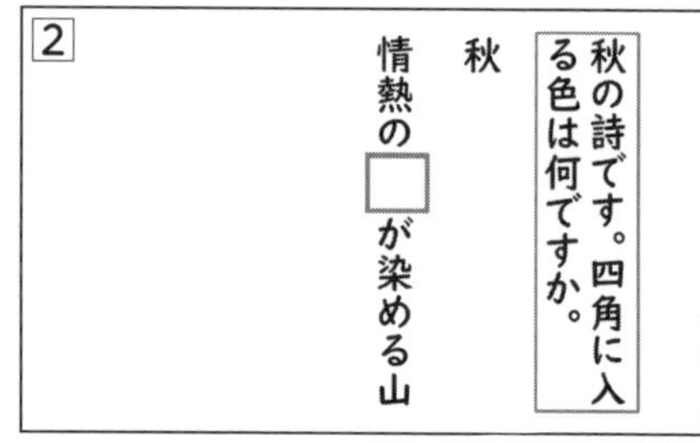

2
秋の詩です。四角に入る色は何ですか。
秋
情熱の□が染める山

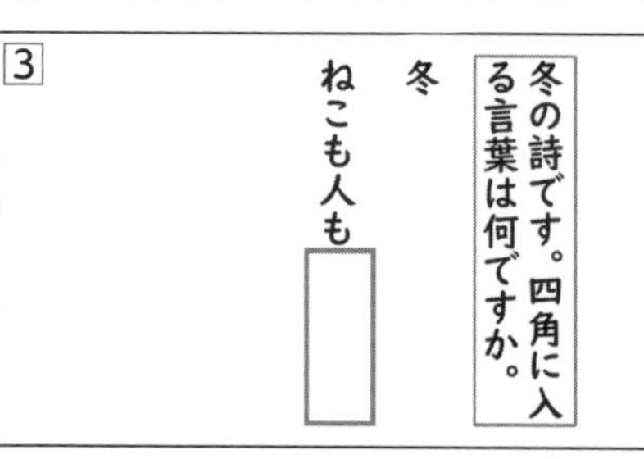

3
冬の詩です。四角に入る言葉は何ですか。
冬
ねこも人も□

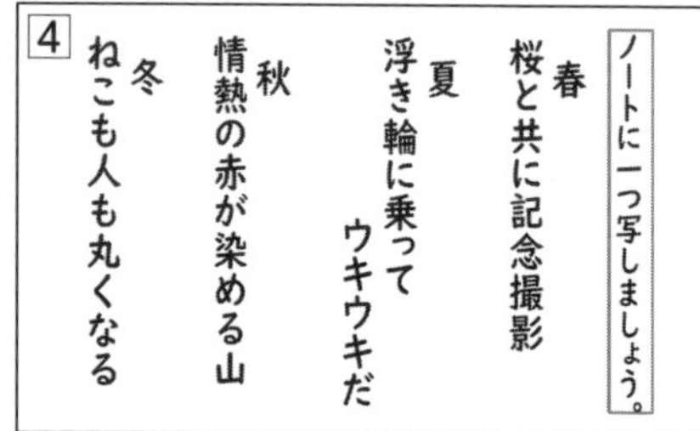

4
ノートに一つ写しましょう。
春
桜と共に記念撮影
夏
浮き輪に乗って
ウキウキだ
秋
情熱の赤が染める山
冬
ねこも人も丸くなる

2　一字題一行詩を作り、チャットに書き込む

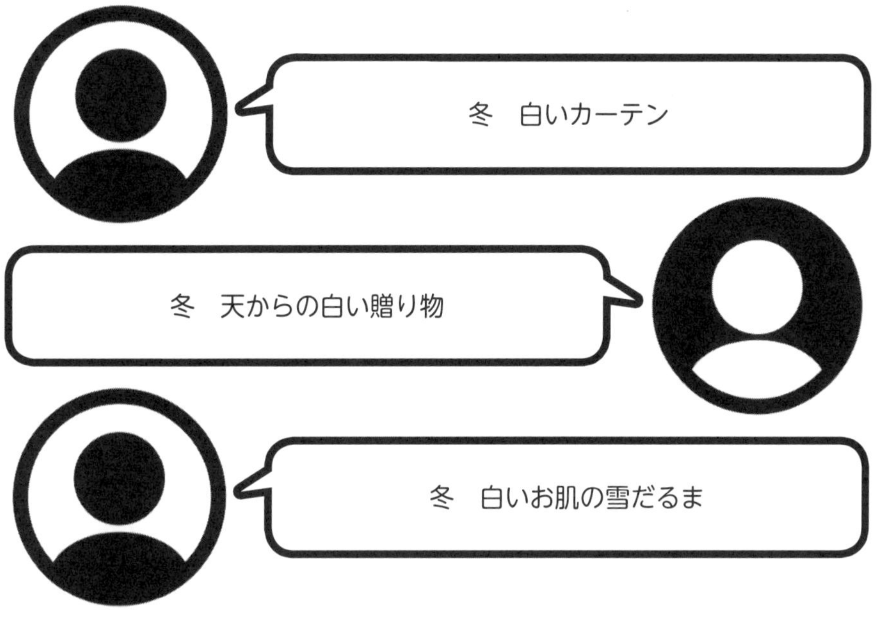

冬　白いカーテン
冬　天からの白い贈り物
冬　白いお肌の雪だるま

教師は、たくさん書かせた中から、上のように同じ題でつながりそうなものを集めておきます。

ある程度作品ができたら、活動を止めてつなげて読ませます。

例：「冬　白いカーテン／天からの贈り物／白いお肌の雪だるま」

3　グループで各自の一行詩をつなげ、簡単な詩にする（ブレイクアウトルームを使用する）

山、水、友、知を題にした一行詩を作りましょう。できたら、みんなでつなげてみましょう。まずは、題名をどれにするか話し合いましょう。

034：しっかりとした発音を意識させたいときに

早口言葉

●所要時間：20分　●対象学年：1年生
●対象単元：うたにあわせてあいうえお（光村図書）
〈つけたい力〉口形や発声、発音に注意して話す力

早口言葉に挑戦してみましょう。できたら、ビデオに撮ってみましょう。

GIGA端末　この場面でこう使う

1年生の4月単元である。楽しく音読をした後に、GIGA端末のビデオ機能で撮影させる。操作はもちろんだが、机の上のどこに置くか、持ち運び方などの基本的な規律も教える。また、教師の端末で教科書に載っている口形の写真をテレビ画面に映しておくと、いつでも参考にして練習できる。

〈初級編〉 ・生麦生米生卵 ・すもももも桃も桃のうち ・隣の客はよく柿食う客だ 〈中級編〉 ・庭には二羽にわとりがいる ・赤パジャマ 青パジャマ 黄パジャマ ・この釘は引き抜きにくい釘だ ・新春シャンソンショー ・バスガス爆発	〈上級編〉 ・レモンもメロンもペロンと食べた ・東京特許許可局 ・赤巻き紙 青巻き紙 黄巻き紙 ・どじょうにょろにょろ三にょろにょろ合わせてにょろにょろ六にょろにょろ ・マサチューセッツ州立マサチューセッツ工科大学

＊1年生で実施するときには、あまり秒数にこだわらず、言えたことを楽しんで、ほめてあげてください。
＊どの学年でも実施できるように「初級編」「中級編」「上級編」に分けてあります。学級の実態に合わせて利用してください。

035：誰が一番たくさん見つけられるかな

○のつく言葉探し

●所要時間：15分　●対象学年：1年生

●対象単元：ちいさい「っ」（東京書籍）

〈つけたい力〉促音や拗音などの表記と音節の対応を理解する力

小さい「っ」のつく言葉をできるだけたくさん書きましょう。できたらGIGA端末のカメラでノートの写真を撮りましょう。学校で先生に見せてくださいね。

GIGA端末　この場面でこう使う

家で取り組んだノートを端末のカメラ機能で写真に撮り、学校で先生に見せる。1年生の1学期である。まずは、文房具の一部としてのGIGA端末に慣れ親しませたい。

〈実践のバリエーション〉

（1）拗音のある言葉　（2）濁音・半濁音のある言葉

（3）長音のある言葉　（4）撥音のある言葉　など

事前に指導しておきたいこと

○端末の持ち運び方と家庭での使い方のルール（各学校による）

○カメラ機能の使い方とその練習

036：思考ツールの基礎の基礎を学ぼう

集まれ！　なかまことば

●所要時間：45分　●対象学年：1年生

●対象単元：まとめてよぶことば（東京書籍）

〈つけたい力〉仲間になる言葉やまとめて呼ぶ言葉を集めたり分類したりする力

リンゴ、バナナ、ミカン。これらの言葉をまとめて何と言いますか。

GIGA端末　この場面でこう使う

かな入力を用いて、簡単なモデル図に書き込みながら進める。思考ツールであるクラゲチャートにつなげる土台となる。

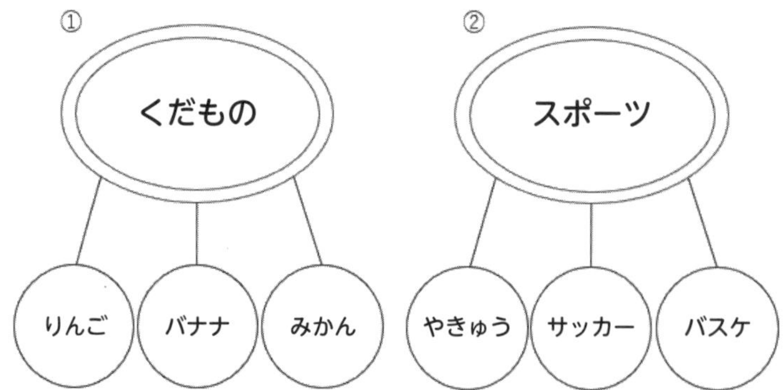

〈クラゲチャートとは〉

主張と理由を関連付けて考えるための思考ツールの1つ。頭の部分に「主張」や「意見」を書き、足先の丸の中に「理由」を書きます。意見文を書くときに、より説得力を増すためにどの理由を使うか、どの順番で論を展開するかを考えるときに役立ちます。

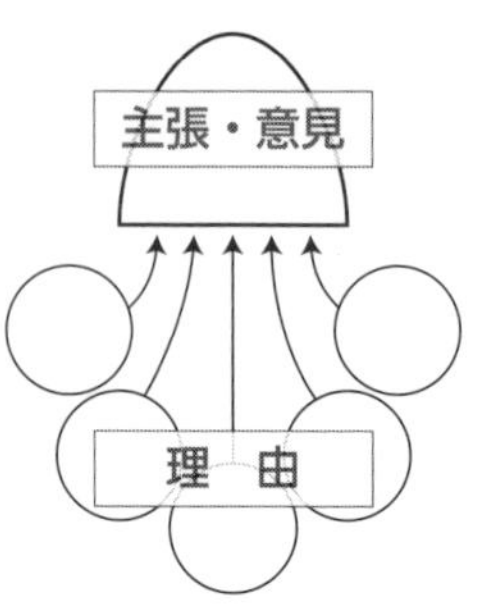

037：階段が、どこまで続くかな？

言葉の階段

●所要時間：30分　●対象学年：1年生
●対象単元：ことばをあつめよう（東京書籍）
〈つけたい力〉身近なことを表す言葉に興味をもち、列挙する力

言葉の階段を作ります。一文字ずつ増やしていきます。

GIGA端末　この場面でこう使う

言葉集めを知的に行う活動である。付属のワークシートに取り組み、写真に撮って教師に送る。一番長くつながった人を勝ちとする。

⑩	⑨	⑧	⑦	⑥	⑤	④	③	②	①
				ア	あ	あ	ア	あ	あ
				イ	い	め	イ	め	
				シ	き	ん	ス		
				ャ	ど	ぼ			
				ド	う				

〈ゲームの進め方〉
1　一番右上の始めの1文字を決めます。
2　始めの1文字を頭文字にして、1文字ずつ増やしていきます。
3　③のようにカタカナを使った言葉も使えます。
4　一番始めの文字は、「ば」のような濁音や「ぱ」のような半濁音を使うこともできます。
5　促音（小さい「っ」）や拗音（小さな文字で書き表す文字）、長音（伸ばす文字）も1文字となります。
6　一番長く続いた人が勝ちとなります。

038：言葉の指し示す範囲を検討させたいときに

この図形、アリ？ ナシ？

●所要時間：45分　●対象学年：2年生
●対象単元：ことばで絵を伝えよう（東京書籍）
〈つけたい力〉言葉の指し示す範囲を検討する力

絵の中で、これはおかしいというものはありませんか。

GIGA端末　この場面でこう使う

教科書の発展学習として、絵の妥当性を検討する活動を行う。
①真四角を描きましょう　②その中に三角形を描きましょう
③その中に円を描きましょう
という3つの指示の指し示す範囲を検討する。協働学習アプリで全員の絵を見られるテンプレートを用いて行う。

図形の線がくっついているものや図形が複数あるもので討論になります。

039：物語をレベルアップさせたいときに

クラス書き出し辞典

●所要時間：45分　●対象学年：3年生

●対象単元：想ぞうを広げて物語を書こう（東京書籍）

〈つけたい力〉書き出しの一文を工夫して魅力ある物語を書く力

物語の書き出しの一文を集めます。調べたら、チャットに書き込んでいきましょう。

GIGA端末　この場面でこう使う

書き出しの一文は、作家が考えに考え抜いたものである。物語を書くにあたって、その魅力にふれさせたい。そこで、書き出しの一文を調べ、チャットに集約する。授業の最後には、チャット上にクラスの書き出し辞典が完成する。

1　教科書や身近にある本、図書室の本などを活用して、書き出しの一文を集める

2　集めたものをチャット欄に書き込む

ある日の事でございます。

寒い冬が北方から、狐の親子の棲んでいる森へもやって来ました。

むかしある国の田舎にお金持の百姓が住んでいました。

3　チャットを見て、書き出しの一文に10点満点で点数をつける

4　点数をつけた理由について話し合う

＊学級の実態によっては、それぞれの書き出しの一文のよさについて話し合ってもよいです。

040：日々のあれこれをローマ字で

ローマ字日記

- 所要時間：25分　　●対象学年：4年生
- 対象単元：ローマ字の書き方（東京書籍）

〈つけたい力〉ローマ字の表記の仕方について理解して書く力

日記を書きます。全てローマ字で書きましょう。

GIGA端末　この場面でこう使う

ローマ字の学習の習熟を図る場面である。ローマ字で日記を書かせる。教師がテーマを配信して取り組ませる。

　Boku wa hatake de sodateta satumaimo wo horimasita.

　Yakiimo ni site tabemasita.

　Totemo oisikatta desu.・・・

＊文書作成アプリで入力して提出する方法もありますし、四線ノートに書いたものを写真に撮影して提出する方法、ワークシートにタッチペンで直接書き込んで提出する方法もあります。

〈歴史上のあの人物もローマ字で手紙や日記を書いていた！〉
江戸時代末期、薩摩藩の11代藩主である島津斉彬。薩摩藩の藩政改革を進めたり、西郷隆盛ら幕末に活躍する人材を育てたりと名君として名高い斉彬です。そんな斉彬もローマ字で手紙や日記を書いていたそうです。国立歴史民俗博物館のHPから画像が確認できます。

041：定番の活動もGIGAでスッキリ！

暗唱テスト

- 所要時間：20分　●対象学年：5年生
- 対象単元：古文に親しむ（東京書籍）

〈つけたい力〉古文の言い回しに慣れ、すらすらと音読する力

繰り返し読んで、暗唱しましょう。

GIGA端末　この場面でこう使う

国語授業の定番の活動である詩文の暗唱。紙で配付すると、紛失したり、荷物になったりする。デジタル化することで、各端末から自由にアクセスできるようになる。また、個人のレベルに合わせた練習も可能になる。

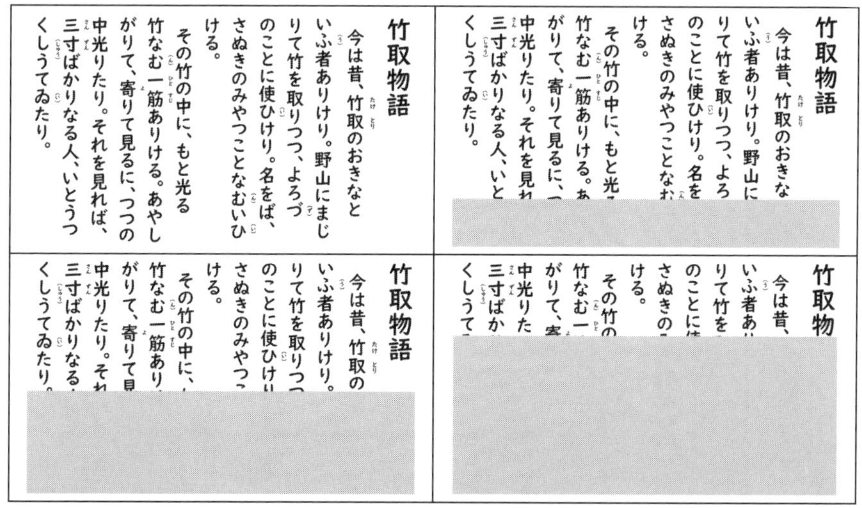

竹取物語

今は昔、竹取のおきなといふ者ありけり。野山にまじりて竹を取りつつ、よろづのことに使ひけり。名をば、さぬきのみやつことなむいひける。

その竹の中に、もと光る竹なむ一筋ありける。あやしがりて、寄りて見るに、つつの中光りたり。それを見れば、三寸ばかりなる人、いとうつくしうてゐたり。

QRコード先には、上記のように少しずつ隠れる部分が増えるファイルが入っており、個人のレベルに合わせて取り組むことができます。古文は言い回しが難しいので、繰り返し音読に挑戦させるとよいでしょう。クラスの共有フォルダに入れておけば、いつでも暗唱に取り組めます。

042：リズムに合わせて反対言葉

反対言葉　古今東西

●所要時間：20分　　●対象学年：2年生
●対象単元：はんたいのいみのことば（東京書籍）
〈つけたい力〉反対の意味になる言葉を知り、使いこなす力

「反対言葉　古今東西」をします。相手の言った言葉の反対の意味の言葉を言います。間違っていたり、リズムに合わせて言えなかったりしたら負けです。

GIGA端末　この場面でこう使う

教科書の学習が終わったら、GIGA端末で反対の意味になる言葉を調べる。内部情報がたくさん蓄積された状態になったら本ゲームを行う。全体でルールを示してから、ブレイクアウトルームに分かれてグループで行う。本授業はZoomでのオンライン授業を想定している。

(1) 教師が言って子供が答える（Q：問題　A：答え　●：手拍子）

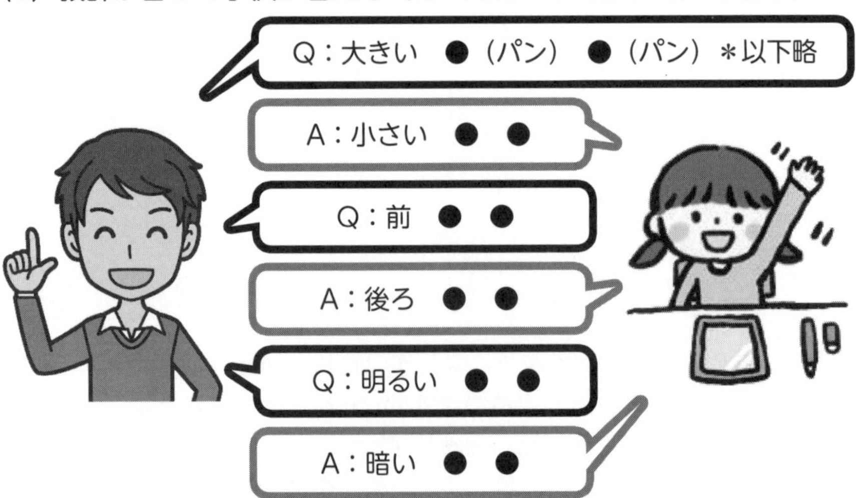

Q：大きい　●（パン）　●（パン）　＊以下略
A：小さい　●　●
Q：前　●　●
A：後ろ　●　●
Q：明るい　●　●
A：暗い　●　●

(2) 教師と子供が交代で出題する（Q：問題　A：答え　●：手拍子）

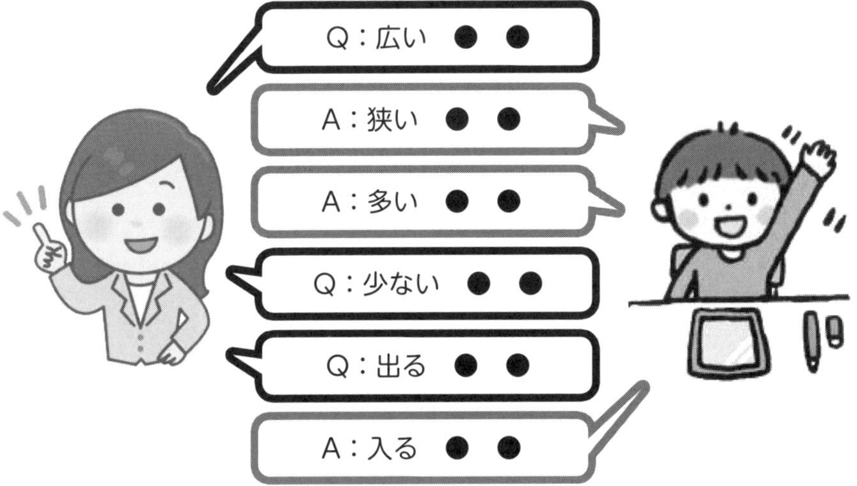

(3) 子供同士がブレイクアウトルームで出題しあう

（Q：問題　A：答え　●：手拍子）

＊音声に遅延が起こる場合もあるので、リズムに厳密になりすぎないようにします。

〈よりゲーム性を高めたいときには、対戦型にすることも……〉

①じゃんけんで勝った人が最初の出題者になります。

②お題に対して、早く正解を言った方が1ポイント。

③早く言った人が次の出題者になります（この場合、手拍子は無し）。

043：相手の言っていることを聞く力をつけたいときに

しりとりトーキング

●所要時間：30分　●対象学年：3年生
●対象単元：もっと知りたい、友達のこと（光村図書）
〈つけたい力〉相手の話の中心を意識しながら、話をつなげる力

友達とお話をします。テーマは「好きなもの」です。ただし、会話の最後の文字でしりとりをしていきます。1つの発言で1ポイントです。時間は、3分間です。ようい、始め！

GIGA端末　この場面でこう使う

討論を成立させるためには、相手の論の中心をとらえて、話をつなげていく必要がある。そこで、相手の話に合わせながらしりとりをするというゲームを行う。Zoom等のブレイクアウトルームを使用すると、いろいろな友達と取り組むことができる。

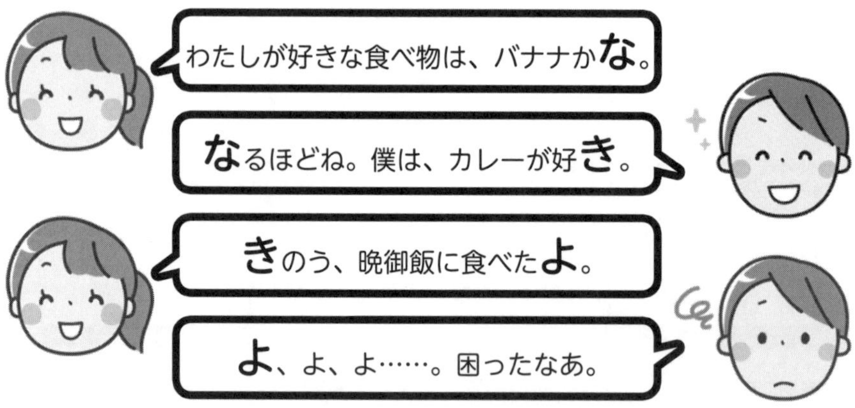

わたしが好きな食べ物は、バナナかな。
なるほどね。僕は、カレーが好き。
きのう、晩御飯に食べたよ。
よ、よ、よ……。困ったなあ。

上の記録は3ポイントとなります。このように、途中で続かなくなったら、再度、0ポイントからやり直します。制限時間の中で何度でもやり直すことができます。終了した時の最高記録がそのペア（グループ）の記録になります。

〈アレンジテーマ：昔話づくり〉

友達と昔話を作ります。一文ずつ付け加えたら、交代して進めます。このときも、一文の最後の文字をしりとりしていきます。一文1ポイントです。時間は、5分間です。ようい、始め！

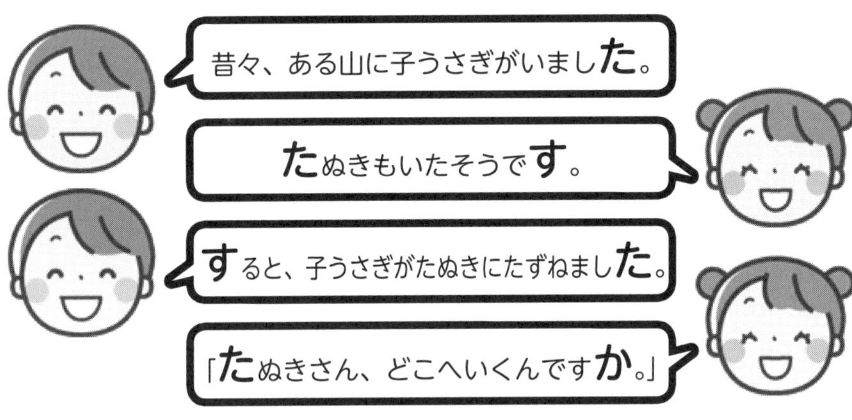

昔々、ある山に子うさぎがいました。
たぬきもいたそうです。
すると、子うさぎがたぬきにたずねました。
「たぬきさん、どこへいくんですか。」

〈討論に向けて〉話を続けていくためのスキル5

相槌	・なるほどね。 ・そうなんだ。 ・そっか。 ・うん、うん。 ・へえ。
共感	・それ、いいね。 ・それもあるよね。 ・いいじゃん。 ・わかるなあ。 ・そうそう、それね。
質問	・もうちょっと聞かせてくれる。 ・それは何。 ・それってどういうこと。 ・どうしてそうなったの。
引用	・さっき、〇〇って言っていたけど、……。 ・〇〇ということなんですが、……。
反論	・それもわかるけど、これは〇〇ということじゃないかな。 ・〇〇とは違って、……。

044：アイディアの整理法を教えたいときに

言葉の連想キング

●所要時間：45分×２時間　●対象学年：３年生
●対象単元：自分の考えを伝えよう（東京書籍）
〈つけたい力〉思考ツールとしてのウェビングマップを書く力

お礼の気持ちを伝えるには、手紙がよいですか、電話がよいですか。

GIGA端末　この場面でこう使う

自分の考えを構築する手段としてウェビングマップを教える場面である。デジタルホワイトボードを使用してまとめていくと、きれいにまとめることができる。本実践では、Padletを活用する。矢印やイラスト、写真を入れられるため、よりビジュアルにまとめることができる。

Padletにアクセスし、ウェビングマップを書く方法

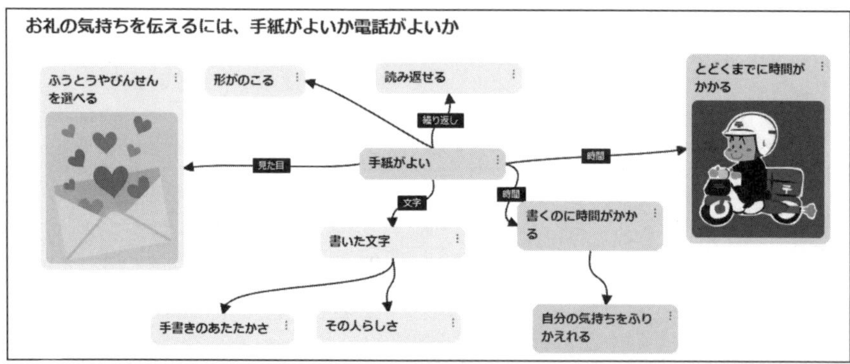

①「Padletを作成」をクリックします。

②「キャンパス」を選択します。

ウォール　プレビュー
コンテンツをブロック形式のレイアウトにまとめます。
選択

ストリーム　プレビュー
上から下に流れるフィードで、コンテンツを読みやすく整理します。
選択

ストーリーボード　プレビュー
コンテンツをボックス型で一列に整理します。
選択

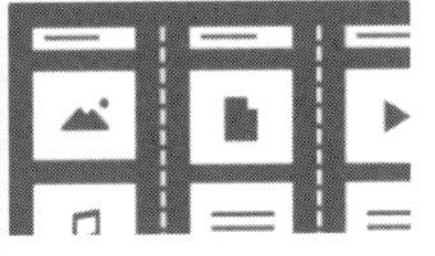

シェルフ　プレビュー
連なった列にコンテンツを追加していきましょう。
選択

マップ　プレビュー
マップ上の地点にコンテンツを追加してください。
選択

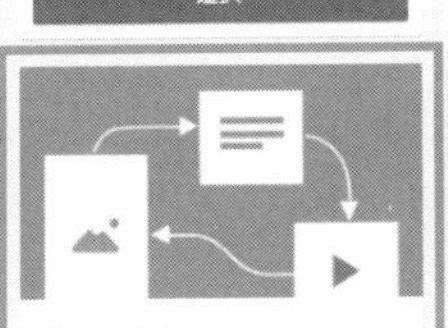

キャンパス　プレビュー
コンテンツをランダムに並べたり、まとめたり、連結させたりと自由自在に配置できます。
選択

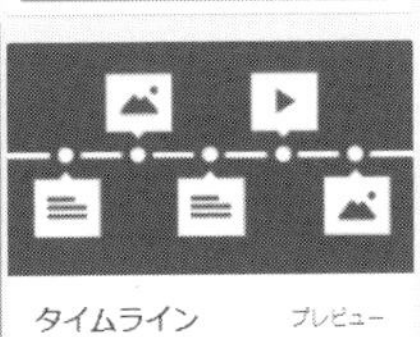

タイムライン　プレビュー
コンテンツを横線に沿って配置します。
選択

③壁紙をクリックして、背景を「白」にします。

④言葉を入力して「公開」をクリックします。

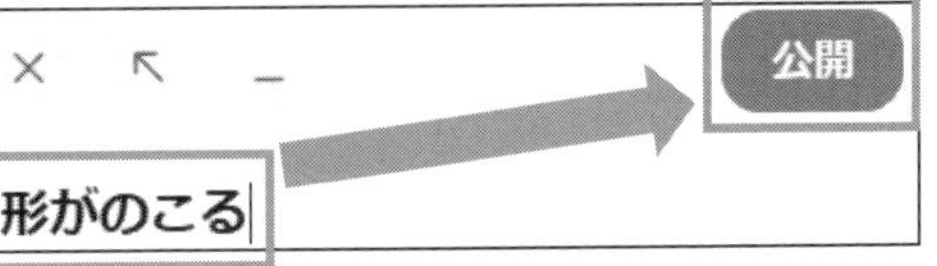

⑤投稿と投稿をつなげたいときは「⋮」をクリックして、「投稿に連結」をクリックします。

投稿を編集
投稿に連結
投稿の連結を解除

⑥連結するときにラベルに言葉を入力すると、矢印を言葉で連結することができます。

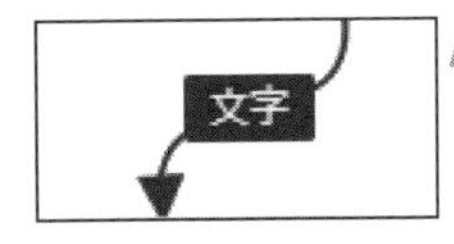

045：タイピングした文章を振り返らせたいときに

おかしな文？

●所要時間：15分（ワークシート１枚につき）　●対象学年：４年生
●対象単元：キーボードの入力と漢字（東京書籍）
〈つけたい力〉文字を正しく表記する力

句読点をつけたり、漢字に直したりして、意味が伝わりやすい文にしましょう。

GIGA端末　この場面でこう使う

キーボード入力による変換について学ぶ場面である。タイピングが早くなったり、予測変換機能を使い始めたりすると、どうしても誤変換が起こる。そこで、文書作成アプリを使い、誤った表記を正しく変換させる授業を行う。

(1) すもももももももものうち。

（　李も桃も桃のうち。　）

(2) わたしはいしゃになりたい。

（　私、歯医者になりたい。
私は、医者になりたい。　）

(3) にわにはにわにわとりがいる。

（　庭には二羽ニワトリがいる。　など多数）

＊それぞれの文がどのような解釈になるか話し合ってみましょう。

さとしさんは、夏休みの絵日記をパソコンで書きました。しかし、まちがって打ってしまったところが10か所あります。正しく入力し直しましょう。

8月3日火曜日

　今日、ぼくは妹と虫取りに行きました。ぼくは、妹に
「公園え行こう」
とゆいました。すると、妹は
「学校閉校」
と言いました。話し合つて学校に行くことにしました。

　学校に着いたら、一番大きな木のところへ行きました。そこには、セミやカブトムシがたくさんいました。妹が、
「気おつけてね」
と言ったので、静かに近ずきました。以外と簡単にとれました。セミとカブトムシを1匹づつとりました。

　熱かったので、家に帰ってかきごうりを食べました。おいしかったです。

〈誤変換箇所〉

(1) 公園<u>え</u> → 公園<u>へ</u>　(2) <u>ゆ</u>いました → <u>い</u>いました
(3) 学校<u>閉校</u> → 学校<u>へ行こう</u>　(4) 話し合<u>つ</u>て → 話し合<u>っ</u>て
(5) 気<u>お</u>つけて → 気<u>を</u>つけて　(6) 近<u>ず</u>きました → 近<u>づ</u>きました
(7) <u>以外</u>と → <u>意外</u>と　(8) 一匹<u>づ</u>つ → 一匹<u>ず</u>つ
(9) <u>熱</u>かった → <u>暑</u>かった　(10) かきご<u>う</u>り → かきご<u>お</u>り
(氷でもよい)

046：GIGA端末を使ってできる話し合い活動

チャット会議

●所要時間：45分　　●対象学年：5年生

●対象単元：問題を解決するために話し合おう（東京書籍）

〈つけたい力〉意図を明確にしながら話し合う力

昼の時間、掃除が先がよいですか、休み時間が先がよいですか。

GIGA端末　この場面でこう使う

チャット機能を使って討論を行う。チャットは意見の履歴が残るため、視覚情報を補うことができる。静かではあるが、熱い討論が展開される。

ステップ1：自分の意見を書く

一、話し合いのテーマ

昼の時間、掃除が先がよいか、休み時間が先がよいか

二、自分の意見を二百字以内で書いてみましょう。

●ぼくは、休み時間が先の方がよいと思います。第一に、掃除が先だと休み時間でまた汚れてしまうからです。これでは掃除をした意味がなくなってしまいます。第二に、掃除をすると、心が落ち着くので、午後の授業に集中できそうだからです。・・・

ステップ2：チャットで討論を行う

掃除が後の方がよいと考えます。休み時間が後だと、結局汚れてしまうからです。掃除をした意味がなくなってしまいます。

それは分かるのですが、掃除が時間内に終わらないときに、5時間目に遅れてしまうので、掃除が後だと困ると思います。

掃除が時間内に終わらないという意見がありましたが、他のみんなはそういう経験はありませんか。

授業で使える！豆知識

〈オンラインでの話し合い活動　上達のポイント5〉

①賛同：「賛成で」「同じで」「似ていて」

②反対：「反対で」「違って」

「○○さんの言っていることのは分かるのですが」

③付加：「付け足しで」「もうちょっと詳しく言うと」

④引用：「～と言っていたけど、…」「～と言っていましたね」

⑤巻き込み：「～について、みんなはどうですか」

「この意見に同じ人はいますか」

ステップ3：最終意見を文書作成アプリで入力して、教師に提出する

Microsoft Teamsの「課題」機能を使って、文書作成アプリのフォーマットを配付します。子供は、フォーマットをクリックして、意見文を入力できます。教師は、回収したら評価して返却します。

047：敬語を楽しくクイズで学ぼう

敬語クイズ

●所要時間：10分　●対象学年：5年生
●対象単元：敬語の使い方（東京書籍）
〈つけたい力〉敬語を正しく理解して、使う力

次の言葉は、尊敬語で何と言うでしょうか。

GIGA端末　この場面でこう使う

敬語の学習内容の定着やまとめの場面で行う活動である。扱うサイトは「Quizlet」である。このサイトでは、簡単に単語カードが作成できる。フラッシュカードの代わりや授業のまとめの問題、オンライン宿題など、幅広く活用できる。慣れてきたら、子供がクイズを作ることもできる。

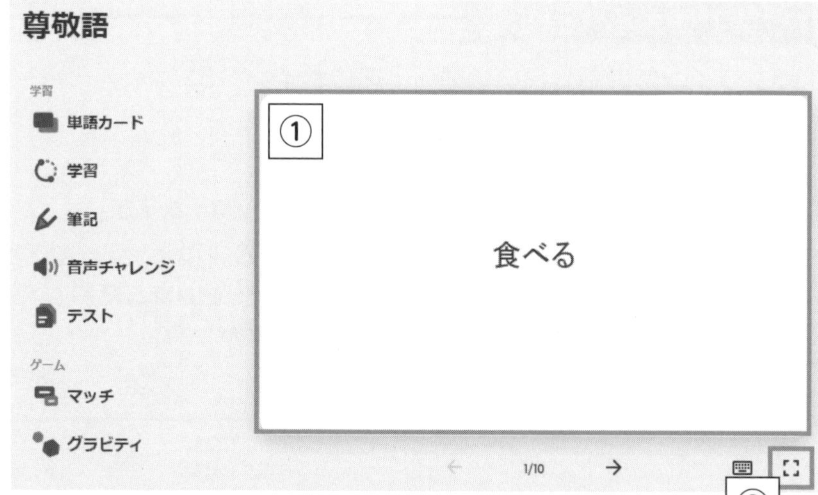

①カードをタップすると裏返り、答えが表示されます。
②全画面表示にすると、自動再生や問題のシャッフルができます。
③画面下には、未着手のものが表示されるので、どこまで学習したかがわかるようになっています。

〈問題作成のパターン4〉

（1）正答方式

（表）

先生が言う。

（裏）

先生が
おっしゃる。

（2）選択肢方式

（表）

市長が来た。
①お見えになりました。
②参られました。

（裏）

①お見えになりました。
＊「お見えになる」は厳密には二重敬語にあたりますが、慣用的に認められています。

（3）○×方式

（表）

校長先生が
お見えになられる。
○か×か？

（裏）

×
＊「お見えになられる」とすると、三重敬語になり、誤った表現になります。

（4）フラッシュカード方式

（表）

言う

（裏）

おっしゃる

048：短歌の学習の発展として

連歌は続くよ どこまでも

●所要時間：45分　●対象学年：5年生
●対象単元：心が動いたことを三十一音で表そう（東京書籍）
〈つけたい力〉友達の発句につなげて詠む力

友達の句につなげて、「七・七」の部分を書き込みましょう。

GIGA端末　この場面でこう使う

短歌の学習の発展として行う。まず、連歌のイメージをもたせるために「五・七・五」に「七・七」をつなげる短連歌を扱う。掲示板に「五・七・五」を書いておき、つなげる「七・七」を書き込ませていく。短連歌の理解が深まった段階で、長句と短句を交互に詠み続けていく鎖連歌に挑戦させる。本実践はMicrosoft Teamsを利用する。

1　教師の「五・七・五」に続く「七・七」を詠む

付属のコンテンツを提示して、発問します。

連歌は続くよどこまでも

次の五・七・五に続く七・七を考えましょう。

じりじりと　日が照る夏も
楽しけり

（七）
（七）

五・七・五に続く、七・七を考えましょう。
思いついたら掲示板に書き込みましょう。

暑さの中での
アイスクリーム

輝き伸びる
向日葵の花

次々と掲示板に書かせていきます。学級の実態に合わせて相互評価を行ってもよいです。

2　グループ毎に掲示板を作り、一人一回ずつ詠んでつなげる

生活班などのグループ（4人程度）で連歌づくりに取り組みます。

連歌には様々なルールがありますが、まずは楽しくつなげることに主眼を置き、完成したら、グループ毎にみんなの前で詠む時間を設けます。

聞いている子は、発表に対して感想を言います。

3　再度グループで連歌づくりに取り組む。制限時間内にできるだけ多くつなげることを目指す

同じグループで、もう一度連歌づくりを行います。

今度は、制限時間（15分程度）を設けて、できるだけ多く続けさせます。

授業が終わる段階で、一番多く続けられたグループを勝ちとします。

教師は、数の評価と共に、表現のよさを見つけて評価します。

時間があれば、明智光秀と連歌のエピソード（諸説あります）なども紹介するとより知識が広がります。

049：友達の意見を参考にして考えを深めよう

テキストマイニングで意見文

●所要時間：45分　●対象学年：6年生
●対象単元：海のいのち（東京書籍）
〈つけたい力〉友達の意見を引用しながら考えを書く力

太一にとって、父はどのような存在ですか。

GIGA端末　この場面でこう使う

物語教材で子供の考えを集約する場面で行う。子供が課題に対する意見をアンケートフォームに入力し、集約する。全員の意見を効率的に引き出すことができ、討論が活発になる。

〈Step 1〉

Microsoft Teamsの「クイズ機能」を利用し、子供たちが意見をキーワードで入力します。
（Mentimeterが使えれば、Step 2まで一気にできます）

〈Step 2〉

教師が、回収した意見を「AIテキストマイニング」に流し込みます。

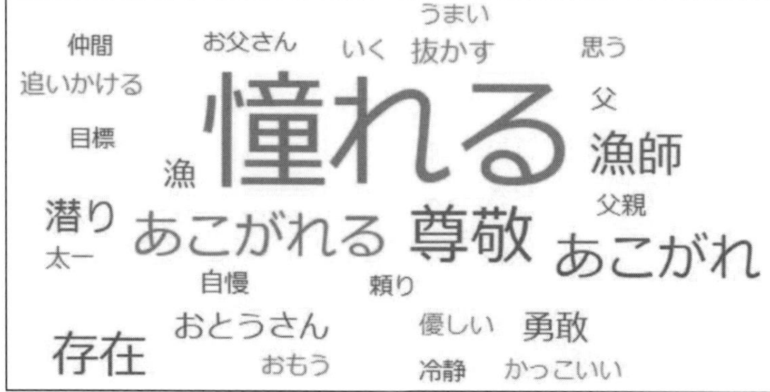

〈Step 3〉

友達の意見を参考にして、自分の意見を書いてみましょう。

「憧れる」という文字が大きく出てきているから、たくさんの人が憧れていると思っているな。「あこがれる」や「あこがれ」という書き方の違いも含めると、みんなの考えの中心はここにあるね。

「勇敢」とか「優しい」というのは分かるけど、「冷静」というのは、僕の考えにはなかったな。あとで話し合うときに質問してみよう。

〈Step 4〉

自分の意見を基に討論しましょう。

意見文を基に討論を行います。討論を踏まえた上で、授業の終わりに再度、意見文を書き加えます。

〈テキストマイニングの導入に向けて（☆―難易度）〉

☆　答えだけを聞く課題

　例）好きな〇〇、行ってみたい場所、おススメの本など

☆☆　立場を明確にして話し合う課題

　例）〇〇といえば何、夏休みに出かけるなら海か山かなど

☆☆☆　読解に関わる課題

　例）小6　海のいのち「太一の夢は何ですか」

　　　小6　町の幸福論「10年後の町に必要なものは何ですか」

050：クラスがほんわかあたたかい雰囲気に

ハッピーコメント大作戦

●所要時間：45分×3時間　●対象学年：6年生
●対象単元：「卒業文集」を作ろう（東京書籍）
〈つけたい力〉筆者の思いを受け取り、共感しながらコメントする力

小学校生活で、これは「頑張った」とか「成長した」ということについて作文にします。書けたら友達の文章にコメントを付けましょう。

GIGA端末　この場面でこう使う

「思いを伝える文章を書く」ことが単元の目標である。学校生活の中で心に残っていることをプレゼンテーションアプリに打ち込む。完成した子から友達の作文を読み、コメント機能で感想を打ち込む。全員が打ち込み終わったら、デジタル卒業文集の完成である。

1　作文をプレゼンテーションアプリに打ち込む

題名　本文

「卒業文集」を作ろう

私を成長させてくれた「海のいのち」の評論文

私がこの一年で最も印象に残っているのが、「海のいのち」の勉強で書いた評論文だ。評論文への取り組みは、私を2つの意味で成長させた。

1つは、長く書くということである。先生が前の学級の評論文を見せてくれた時、正直こんなに書けないと思った。しかし、書き始めると、鉛筆が止まらない。私は、今までの勉強を思い出しながら、原稿用紙を書き進めた。いつもだったら、どうやって終わるかということばかりを考えている作文も、そんな思いには全然ならない。書きたいことは山ほどあった。一枚、また一枚と原稿用紙は積み重なっていく。最終的に、原稿用紙は30枚を超えた。書き終わったとき、何とも言えない達成感があった。そして、何だかさみしい感じもした。不思議な感覚だ。ともあれ、いつもなら夏休みの読書感想文の5枚ですら投げ出そうとしていた私が30枚も書いたのは大きな成長である。

もう1つは、粘り強く取り組むことである。この評論文は、かなり時間を使った。途中、手を抜きそうになったことが何度もあった。しかし、私は最後までしっかりやりぬきたかった。ちゃんとした評論文にしたかったからだ。これは、日記の影響もあると思う。6年生になり、毎日日記を書くようになった。始めは3行くらいで終わっていた日記も今では1ページを超えるようになった。これは毎日の積み重ねの成果である。こうした積み重ねがあったからこそ、評論文を書き切ることができた。粘り強く取り組むことの大切さを実感した。

このように評論文の取り組みは私を成長させた。これからも他のことに役立てていきたい。

2　書き終わった子は、友達の作品を読む

スライドの番号を名簿番号にしておくと、入力途中の作文も読むことができます。誤字脱字や構成等も相互チェックするようすると、ミスが少なくなります。ミスの修正が容易なのは、GIGA端末を使用するメリットです。

3　完成した作文にコメントを書く

コメント機能を使用すると、画面の右側にコメントが表示されます。印刷をすると、コメントも印刷されます。全員分を印刷すれば、デジタル卒業文集が一気に完成です（以下の画像は、PowerPointのものです）。

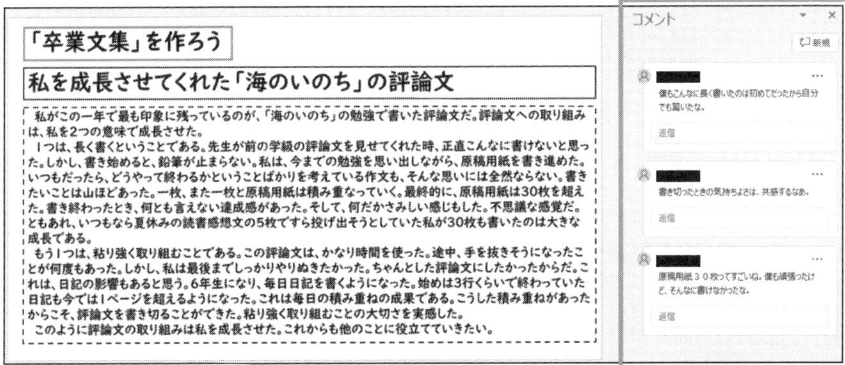

コメント機能は、PowerPointに限らず、他のアプリでも使用可能です。以下はGoogleスライドを使用した場合のものです。

あ　背景　レイアウト　テーマ　切り替え効果

ツールバーの（コメントを追加ボタン）を押し、コメントを記入します。すると、右のように表示されます。PowerPointと操作方法はほとんど変わりません。

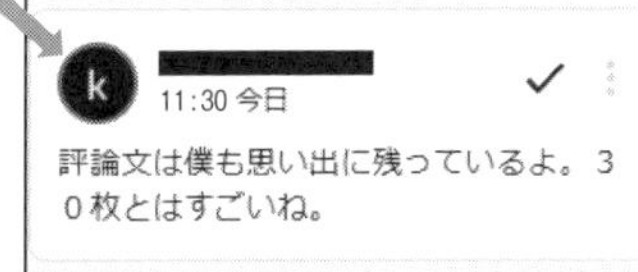

〈コラム〉昔話のヒミツ「昔、いつ？　あるところに、どこ？」

昔話は、「むかしむかし、あるところに……」というお決まりの文句から始まることが多いですね。古くは、「今は昔（今となってはもう昔のことだが）」という言い回しをしていました。世界の昔話も、同じような始まり方をするものが多いようです。

ところで、「むかし」とはいつのことで、「あるところ」とはどこのことなのでしょうか。神話は、時や場所が具体的に表現されることが多いです。しかし昔話は、時や場所をわざと曖昧にして一般化し、普遍化することをねらっています。そのおかげで劇画化され、どんな内容でも安心して聞けるようになるのです。

聞き手の面から考えると、曖昧にされることで「どんな時なのかな」「どんな場所なのかな」と好奇心をかき立てられ、想像を働かせて聞くことができます。

昔話というのは、楽しみであるとともに教訓を伝える役割もあります。一般化されることで、時代を越えた共感を生むのです。

昔話の始まり方の定番といえば、「むかしむかし、あるところに……」じゃが、この始まり方が定着したのは、何時代のことじゃろうか？

（1）平安時代　（2）鎌倉時代
（3）江戸時代　（4）明治時代

答えは、(4) の明治時代です。

明治時代以前にも、この始まり方をするものはありましたが、始まり方の定番として定着したのは、明治時代のようです。

第2部

ゲーム編

051：漢字の 違いに目を向けさせたいときに

漢字の間違い探し

●所要時間：10分（ワークシート1枚につき）　●対象学年：1年生
●対象単元：かたちのにているかん字（東京書籍）
〈つけたい力〉漢字の細部に注意を払い、見分ける力

仲間外れの漢字はどれですか。見つけて丸をつけましょう。

GIGA端末　この場面でこう使う

形の似ている漢字を見分ける学習である。付属のワークシートから仲間外れの漢字を見つける。どこが違っているかを説明させることで違いを認識させていく。ワークシートを配信してオンライン宿題として取り組ませてもよい。

〈初級編ワークシート〉

（1）
人人人人人人人
人人人人人入人
人人人人人人人
人人人人人人人

（2）
王王王王王王王
王王王王王王王
王王王王王王
王玉王王王王

（3）
石石石石石石
石右石石石石石
石石石石石石石
石石石石石石

（4）
貝貝貝貝貝
貝貝貝貝貝貝
貝貝見貝貝
貝貝貝貝貝

ほかにもかたちのにているかん字を見つけてみましょう。

〈上級編ワークシート〉

（1）
カカカカカカカカカカ
カカカカカカカカカカ
カカカカカカカ刀カカ
カカカカカカカカカカ

（2）
登登登登登登登登登登
登登登登登登登登登登
登登登答登登登登登登
登登登登登登登登登登

（3）
緑緑緑緑緑緑緑緑緑緑
緑緑緑緑緑緑緑緑緑緑
緑緑緑緑緑緑緑緑緑緑
緑緑緑緑緑緑緑緑緑緑
緑緑緑緑緑緑緑緑緑緑
緑縁緑緑緑緑緑緑緑緑
緑緑緑緑緑緑緑緑緑緑

（4）
旬旬旬旬旬旬旬旬旬
旬旬旬旬旬旬旬旬旬
旬旬旬旬旬旬旬旬旬
旬旬旬旬旬旬句旬旬
旬旬旬旬旬旬旬旬旬
旬旬旬旬旬旬旬旬旬
旬旬旬旬旬旬旬旬旬

○仲間外れの漢字が見つかったら、どのように違うのか説明してみましょう。

〈解答〉
初級編（1）入　（2）玉
　　　（3）右　（4）見
上級編（1）刀　（2）答
　　　（3）縁　（4）句

052：相手と心を合わせて

漢字 ピッタリドン！

●所要時間：5分　　●対象学年：2年生
●対象単元：かん字の書き方（東京書籍）
〈つけたい力〉正しい筆順と画数で漢字を書く力

先生と同じ漢字を書いていたら、1ポイントです。

GIGA端末　この場面でこう使う

普段の漢字学習に少し変化をつけたいときに行う活動である。授業開始の5分程度で行うことができる。オンライン授業とも相性のよい活動である。

〈ゲームの進め方〉

1　教師の指定したページから漢字を1文字選んで紙に書きます。漢字ドリルの見開き2ページ位（8～10字）から始めます。慣れてきたらページ数を増やす、教科書の○ページなど、扱う漢字の数を増やすと盛り上がります。

2　教師の合図に合わせて、紙を出します。合っていたら1ポイントです。テンポよく進め、1回5問程度出題します。

3　慣れてきたら、教師役を子供と交代します。1問ずつ交代してもよいですし、一人の子に任せて「太郎君の日」などとすると、漢字の苦手な子も活躍します。

053：：習った漢字を使いこなせ！

創作昔話で漢字チャレンジ

●所要時間：30分　●対象学年：2年生
●対象単元：ことばの広場（東京書籍）
〈つけたい力〉習った漢字を使いこなす力

ことばの広場に載っている言葉を使って昔話を書きましょう。

GIGA端末　この場面でこう使う

教科書のまとめのページである。たくさん並んでいる言葉を使い昔話を書く。使った漢字の数を評価の基準とする。書き終わったワークシートは写真に撮ってクラスのフォルダに共有する。読み合って、どの昔話がよいかを決めると盛り上がる。

昔話の中で漢字が1文字使えたら2点です。同じ漢字を2回使っても点数にはなりません。

そう作むかし話で　かん字チャレンジ

（　　）年（　　）組（　　）ばん

名前（　　　　）

ことばの広場に　のっている　ことばをつかってむかし語をかきましょう。できるだけ　たくさん　かん字をつかいましょう。

●むかしむかし、ある
ところにお父さんとお
母さんがいました。お
父さんは、学校の先生
で、お母さんは電車の
車しょうさんでした。
…

054：あの漢字とあの漢字もつながるの？

漢字 部分しりとり

●所要時間：25分　　●対象学年：２年生
●対象単元：同じ部分をもつ漢字（光村図書）
〈つけたい力〉漢字を構成する共通した部分を見つける力

漢字の一部分を使ってしりとりをします。

GIGA端末　この場面でこう使う

漢字を構成する部分に着目させる学習である。テレビ会議システムを使ったオンライン授業やハイブリッドなタイプの授業を想定している。制限時間内にしりとりがどれだけ続いたかを競うゲームである。

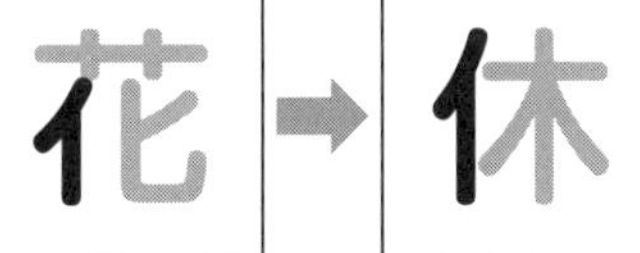

〈練習〉

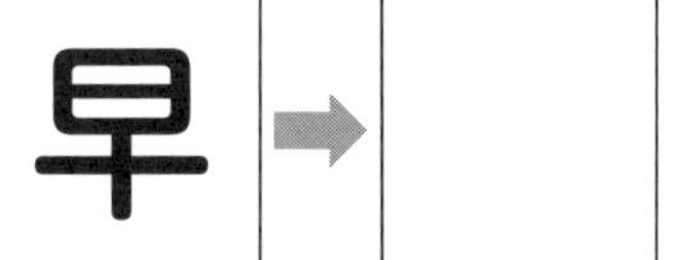

○できるだけたくさん続けてみましょう。

〈遊び方〉

1人で

ペアで

グループで

練習の解答例
百、草、鏡など

055：あれ、どこがちがうのかな？

間違いはどこだゲーム

●所要時間：10分　●対象学年：3年生
●対象単元：漢字の組み立てと意味（東京書籍）
〈つけたい力〉漢字を構成する部分を理解し、正確に書く力

次の漢字は間違っています。正しい漢字を右に書きましょう。

GIGA端末　この場面でこう使う

子供たちの普段の漢字学習の中から間違えやすい漢字を提示する。PCで加工する形でも、教師が書いたものを提示する形でもよい。

（1）1年生で習う漢字（あめ）

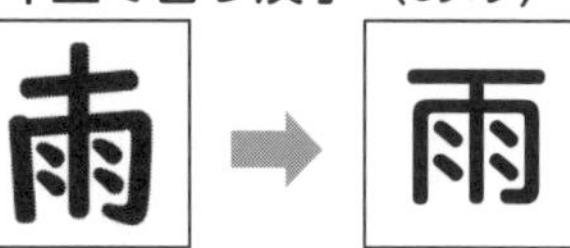

（2）2年生で習う漢字（かく）

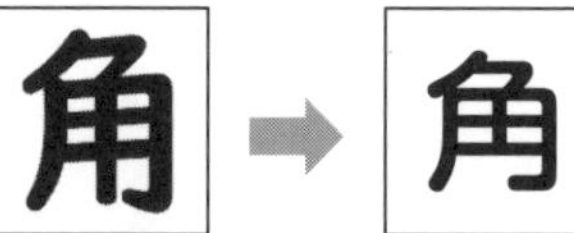

（3）3年生で習う漢字（さむ・い）

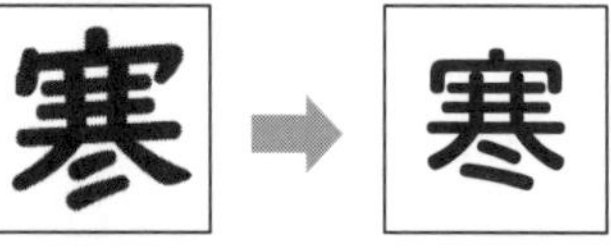

（4）4年生で習う漢字（おぼ・える）

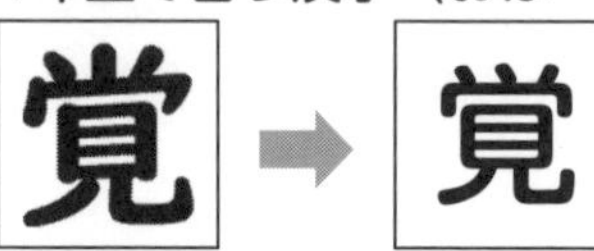

（5）5年生で習う漢字（やさ・しい）

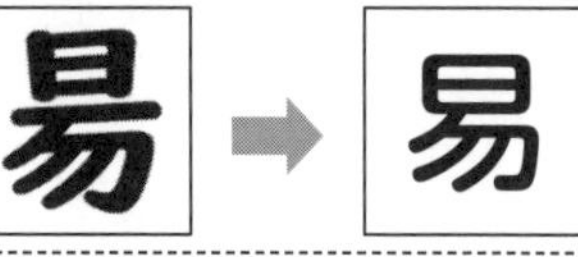

（6）6年生で習う漢字（せん）

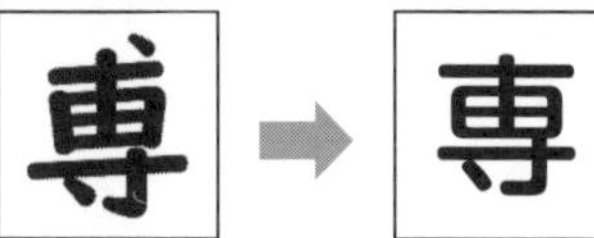

ワークシートの解答
（1）雨　（2）角　（3）寒　（4）覚　（5）易　（6）専　（7）糸　（8）弟　（9）悪　（10）参　（11）券

授業で使える！豆知識

〈知っておきたい漢字学習のプチ情報〉
　子供の漢字の間違え方にはある程度の傾向があります。『データから見る漢字習得5つのポイント 小学校学習漢字習得状況の調査報告』（日本教育技術学会 基礎学力調査委員会 光村教育図書2007）には、漢字学習で子供が間違えやすいポイントがまとまって示されています。

056：漢字の部首に注目させたいときに

部首ビンゴ

●所要時間：15分　●対象学年：4年生
●対象単元：漢字の組み立て（光村図書）
〈つけたい力〉漢字を構成する部分について理解して書く力

心（こころ）のつく漢字を見つけてビンゴをしましょう。下の四角から選んでもいいですし、知っている漢字でもいいですよ。

GIGA端末　この場面でこう使う

部首の名前のいくつかを学習する場面で行う。部首を意識させるために、習った漢字や知っている漢字の中から指定された部首の漢字を集めてビンゴを行う。ビンゴシートは配信するか、クラスの共有スペースにアップする。本活動は、次の単元の「漢字辞典の使い方」で扱う部首索引の学習につながっていく。

部首ビンゴ「心（こころ）」

下の四角の中から、9つの漢字を選んで四角の中に書きましょう。言われた漢字に丸をつけます。1列そろったらビンゴです。

志 忘 念 急 思 怒 恩
息 恋 悪 悲 態 意 感

〈進め方〉
1　漢字を選んで四角の中に書き込みます。下の四角にないものを書いてもよいです。
2　発表された漢字に丸をつけます。
3　縦、横、斜めのどこか1列が揃ったらビンゴ！

057：漢字が合体！　あなたはできるか

漢字のたし算

●所要時間：10分（ワークシート1枚につき）　●対象学年：4年生
●対象単元：漢字辞典の使い方（光村図書）
〈つけたい力〉漢字を構成する部分を理解し、分類する力

下の漢字をたし算します。どんな漢字になりますか。

GIGA端末　この場面でこう使う

漢字はいくつかのパーツで構成されていることを学習する。まずは、付属のワークシートで練習問題に取り組む。次に、問題作りに取り組む。問題ができたら、掲示板やチャットに書き込んでいく。友達と解き合う中で、学習内容の理解を深めていく。

(1) 1年生で習う漢字

(2) 2年生で習う漢字

(3) 3年生で習う漢字

(4) 4年生で習う漢字

(5) 5年生で習う漢字

加 + 貝 = 賀

(6) 6年生で習う漢字

(7) 3つのたし算もできるかな。

耳 + 口 + 王 = 聖

〈ワークシートの解答〉
初級編 (1) 男 (2) 早 (3) 百 (4) 岩 (5) 姉 (6) 時 (7) 細 (8) 鳴 (9) 聞 (10) 明
中級編 (1) 悪 (2) 終 (3) 詩 (4) 習 (5) 貨 (6) 梅 (7) 粉 (8) 具 (9) 談

058：楽しく学ぶ！ 漢字辞典‼

漢字の画数ビンゴ

●所要時間：15分　●対象学年：4年生
●対象単元：漢字辞典の使い方（光村図書）
〈つけたい力〉総画索引に慣れ親しみ、使いこなす力

三画の漢字でビンゴをします。漢字辞典で調べましょう。

GIGA端末　この場面でこう使う

漢字辞典の使い方の発展学習として行う。指定された画数の漢字ビンゴを行う中で、繰り返し漢字辞典を使用する。その過程で総画索引の使い方技能を習熟させていく。ビンゴシートはクラスの共有フォルダに入れておき、GIGA端末で自由に取り出せるようにしておく。

下の四角の中から、9つの漢字を選んで四角の中に書きましょう。言われた漢字に丸をつけます。1列そろったらビンゴです。下の四角にないものでもいいですよ。

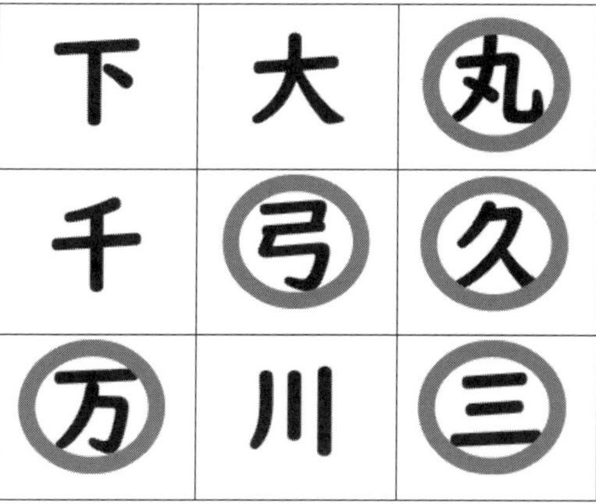

下 三 上 万 丸 久 川
千 口 土 夕 大 女 子

やったぁ！
2ビンゴになったよ。
漢字辞典を使った
ゲームは楽しいね。

059：漢字の色々な使い方に目を向けさせたいときに

フレンド漢字

●所要時間：45分　●対象学年：4年生
●対象単元：漢字辞典の使い方（光村図書）
〈つけたい力〉漢字の様々な使い方を知り、列挙する力

自分の選んだ漢字を使った言葉をできるだけたくさん書き込みましょう。

GIGA端末　この場面でこう使う

自分の選んだ一文字を使った言葉を列挙するゲームである。教科書や辞書、GIGA端末を使って調べる。調べたら、プレゼンテーションアプリの手書き機能で書き込んでいく。完成したファイルは課題提出機能で提出する。ノートに書いた場合は、写真に撮って提出してもよい。

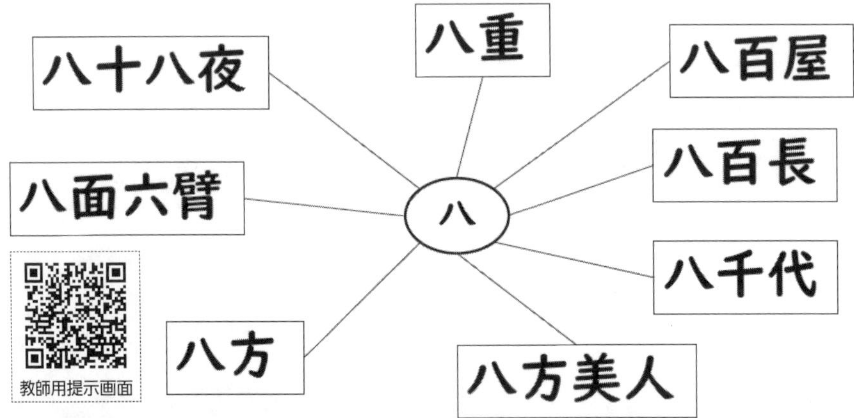

オンライン宿題として出したときの留意点

(1) 提出された課題を取り上げて意味を分類するとより深まります。
例：八であれば「やっつ」「数が多い」という意味もあるね。
(2) 豆知識を授業すると盛り上がります。
例：名古屋市の市章である「八」に込められた意味と歴史って何だろう？

060：隣のクラスと漢字で勝負だ！

クラス対抗部首リレー

●所要時間：10分　●対象学年：4年生

●対象単元：漢字辞典の使い方（東京書籍）

〈つけたい力〉漢字を構成する部分を理解する力

「きへん」の漢字を思いついたら、手を挙げましょう。

GIGA端末　この場面でこう使う

漢字辞典の使い方の学習のまとめに行う。テレビ会議システムを使い、他のクラスと勝負するため、いつも以上の盛り上がりを見せる。

1　テレビ会議システム（Zoom、Google Meet、Microsoft Teams など）の会議に参加させます。

＊事前に会議を設定して招待を済ませておくとスムーズです。

＊黒板全体が映るように端末を置きます。

2　お題を提示して、思いついた人から指名、順番に黒板に書いていきます。

＊待っている人は、ノートに書いて待つように指示します。

3　7分間で黒板にたくさん書いたクラスの勝ちです。

061：一番長く続けられる人は誰かな？

漢字の画数リレー

●所要時間：25分　●対象学年：4年生

●対象単元：漢字の広場（光村図書）

〈つけたい力〉漢字の画数を理解して、できるだけ多く書く力

画数を一画ずつ増やしてリレーのようにつなげていきます。続かなくなったところが記録になります。得点をチャットに書き込みましょう。

GIGA端末　この場面でこう使う

漢字辞典の学習に入る前に、画数に目を向けるために行うと効果的である。自分の結果をチャットに書き込み、友達と競い合うことで熱中する。オンライン宿題として取り組んでも面白い。

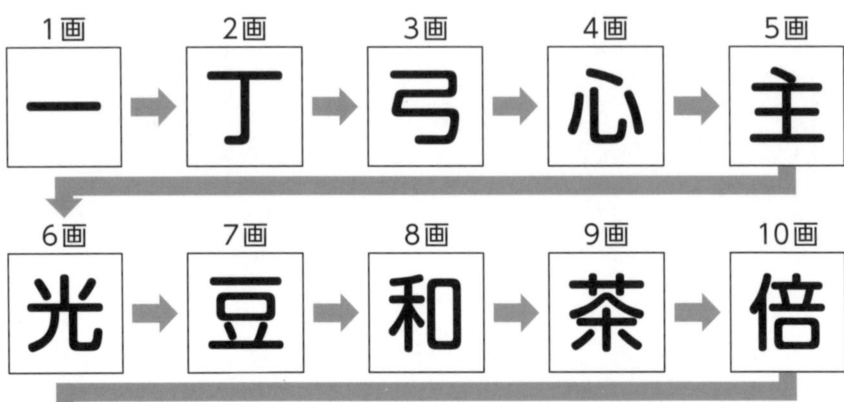

オンライン宿題として出したときの留意点

チャットに記録が残るため、数字に捉われがちになります。「どんな漢字を書いたかな」など確認をする場を設ける必要があります。

また、本や辞典で調べた子がいたら、大いにほめてあげてください。

同音・同訓漢字チャレンジ

●所要時間：30分（ワークシート1枚につき）　●対象学年：4年生
●対象単元：同じ読み方の漢字（東京書籍）
〈つけたい力〉同音・同訓の漢字を正しく使い分ける力

「ショウ」と読む漢字を調べて、たくさん書きましょう。

GIGA端末　この場面でこう使う

同音・同訓の漢字を使い分けるには、同じ読み方の漢字を集める必要がある。教科書や辞典、GIGA端末を使いながら、例文に当てはまる漢字を見つける活動を行う。その後に同じ読み方の漢字を誰が一番多く集められるか競う。ワークシートは課題機能などで提出させる。

次の四角には全て「ショウ」と読む漢字が入ります。教科書や辞書、タブレット端末などで調べて書きましょう。

(一) 正 直は、一 生 の宝。
(二) 小 数の計算をする。
(三) 松 竹梅
(四) 学芸会の衣 装 を作る。
(五) 野球の試合で負 傷 した。

☆他にも「ショウ」と読む漢字を調べて、できるだけたくさん書きましょう。

上 小 章 商 賞 省 症 生
少 翔 荘 庄 将 照 性 称
証 消 尚 衝 正 紹

21個

〈ワークシート②の答え〉　①観　②間　③幹　④刊　⑤管

063：分かりそうで分からない。あれ何だっけ？

穴埋め　四字熟語

●所要時間：45分　●対象学年：4年生
●対象単元：慣用句（光村図書）
〈つけたい力〉四字熟語の意味を知り、使おうとする力

四角の中に漢字を入れて、四字熟語を完成させなさい。

GIGA端末　この場面でこう使う

慣用句の学習の一部として四字熟語を扱う。一字を隠して当てるクイズ形式で進める。ワークシートを配信して、課題として提出させる。最後に、四字熟語を使った文を作り、掲示板に書き込む。学習後には、クラスの用例集が出来上がる。

(1) 異［口］同音
読み方：いくどうおん
意　味：たくさんの人が、みんな口を揃えて同じこと、同じ意見を言うこと。意見が一致すること。

(2) 温［故］知新
読み方：おんこちしん
意　味：経験のない新しいことを進めるにも、過去を充分学ぶことから知恵を得ようということ。

(3) 危機一［髪］
読み方：ききいっぱつ
意　味：非常に危ない瀬戸際。ほんのわずかな違いで今にも危険なことが起こりそうなこと。

(4) 興味［津］々
読み方：きょうみしんしん
意　味：興味が次々と湧いて、尽きないさま。

〈ワークシート数字編の答え〉
(1) 一期一会　(2) 一石二鳥　(3) 三寒四温　(4) 四苦八苦
(5) 十人十色　(6) 八方美人　(7) 海千山千　(8) 一日千秋

064：漢字練習に変化をつけたいときに

虫食い漢字

●所要時間：10分（ワークシート1枚につき）　●対象学年：5年生

●対象単元：漢字の広場（光村図書）

〈つけたい力〉漢字を構成する部分を理解し、正しく書く力

漢字の一部が虫に食べられてしまいました。正しい漢字に直しましょう。

GIGA端末　この場面でこう使う

単調な漢字練習ばかりだと、子供は飽きてしまうため、隙間時間に実施する。また、GIGA端末を持ち帰らせていれば、宿題や長期休業中の課題として配信することもできる。

（1）テキ

適

（2）ユ

輸

（3）フク

複

（4）ビ・そな（える）

備

（5）ム・つと（める）

務

（6）ショク

職

〈ワークシートの解答〉

1年生編
(1) 雨 (2) 糸 (3) 耳
(4) 足 (5) 空 (6) 草

2年生編
(1) 帰 (2) 角 (3) 風
(4) 声 (5) 南 (6) 弱

3年生編
(1) 様 (2) 館 (3) 寒
(4) 悪 (5) 泳 (6) 号

4年生編
(1) 達 (2) 類 (3) 浴
(4) 帯 (5) 極 (6) 管

5年生編
(1) 適 (2) 輸 (3) 複
(4) 備 (5) 務 (6) 職

6年生編
(1) 域 (2) 展 (3) 劇
(4) 蒸 (5) 就 (6) 策

065：組み合わせを考えて高得点を目指せ！

21チャレンジ

●所要時間：15分　●対象学年：6年生

●対象単元：漢字の広場（光村図書）

〈つけたい力〉当該学年までの漢字を正確に読み、書く力

下の四角から2つ漢字を選び、画数をたして21画になる組をできるだけたくさん作ります。ただし1回使った漢字は、2回は使えません。1組1点です。

GIGA端末　この場面でこう使う

各学年の漢字学習のまとめとして行う。自分の記録をチャットに書き込んでいく。そうすると、端末を持ち帰り、家で取り組んだ時でも学習が継続する。

盛	視	並	砂	巻	割	傷	朗	異	論	磁	尺	券	株	域
宗	郷	展	模	映	宇	宙	遺	乳	樹	蔵	敬	刻	恩	推
存	供	敵	系	誤	劇	創	熟	賃	警	署	蚕	臨	穀	簡
届	収	納	閉	秘	密	呼	策	難	閣	庁	貴	討	値	処
誌	詞	誠	忠	若	幼	訳	背	片	危	腹	縦	蒸	著	亡

066：相手が何を書いているかドキドキ、ワクワク

画数たして21ゲーム

●所要時間：20分　●対象学年：6年生
●対象単元：漢字の広場（光村図書）
〈つけたい力〉当該学年までの漢字を正確に読み、書く力

自分の好きな漢字を1つ書きます。友達の漢字の画数と合わせて21になったら1ポイントです。

GIGA端末　この場面でこう使う

学年のまとめとして行う。自分の好きな字を1つ選び、紙に書く。1人が相手となる友達を指名し、同時に紙を画面に見せる。2つの漢字の画数をたして、21になったら1ポイント。

実践のアレンジポイント

①教師と子供（一斉にできるので全員を巻き込める）
②2対2のペア戦（より21画に近いペアが勝ちとなる）
③グループ戦（人数が増えるので、よりスリリングになる）
④ワークシート（個人で取り組む「21チャレンジ」参照）

067：画数の多い漢字はどっちだ！

漢字じゃんけん

●所要時間：30分　●対象学年：２年生
●対象単元：かん字の書き方（東京書籍）
〈つけたい力〉漢字の筆順と画数について理解する力

漢字じゃんけんをします。画数の多い方が勝ちです。

GIGA端末　この場面でこう使う

漢字の画数に目を向ける活動である。書き出した漢字の中から、１つを選んで提示する。画数の多い方が勝ちである。オンライン授業であっても盛り上がる活動である。

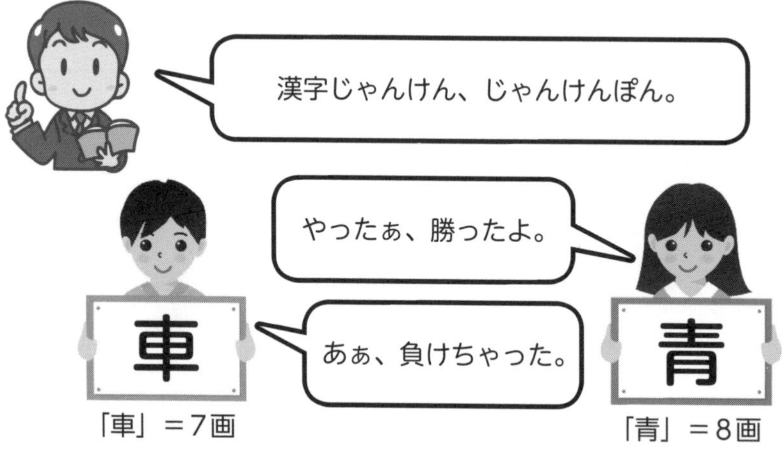

漢字じゃんけん、じゃんけんぽん。
やったぁ、勝ったよ。
車
あぁ、負けちゃった。
青
「車」＝７画
「青」＝８画

〈ゲームの進め方〉

１　ページを選びます。

第１段階：教師の指定したページ（教科書00ページなど）
第２段階：教師の指定した範囲（「お手紙から」など）
第３段階：同じ教科書のランダムに開いたページ
第４段階：好きな教科書のランダムに開いたページ
　＊生活科や図工の教科書に画数の多い漢字があることも！

2　開いたページに何画の漢字があるか調べて書きましょう。

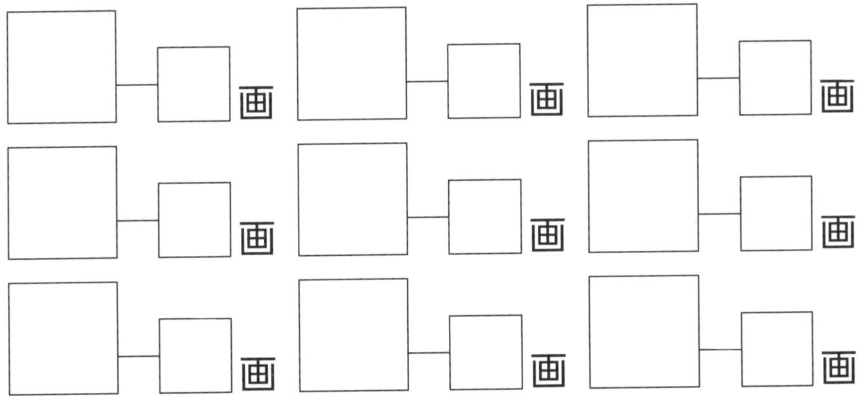

3　友達と漢字じゃんけんをしましょう。1回勝ったら1ポイントです。あいこや負けはポイントになりません。一度使った漢字は、もう使えません。調べた漢字がなくなったら終わりです。

4　慣れてきたら、ゲームをアレンジすると盛り上がります。

班対抗　　オンライン

ワンポイントコラム「画数の多い漢字」

小学校で習う漢字の中で、それぞれの学年で習う最も画数の多い漢字は以下の通りです。

1年生「森」（12画）　2年生「顔」「曜」（18画）
3年生「題」（18画）　4年生「議」「競」（20画）
5年生「護」（20画）　6年生「警」「臓」（19画）

068：計算早押しチャレンジ！

画数たし算 いくつかな

●所要時間：30分　●対象学年：2年生
●対象単元：かん字の書き方（東京書籍）
〈つけたい力〉筆順について知り、既習の漢字の筆順を確かめる力

漢字の画数をたしたら、いくつになりますか。

GIGA端末　この場面でこう使う

ルールが定着したら、1対1の早押し対決を行う。テレビ会議システムの「手を挙げる」ボタンを早押しボタンとして活用する。

1　教師が2つの漢字を提示します。
2　それぞれの漢字の画数を足します。

左の問題では、
右（5画）＋ 雨（8画）で
13画になります。

3　教師が指名して、答えを確認します。
4　ルールが定着したら、1対1の勝負にします。
5　答えが分かったら、テレビ会議システムの「手を挙げる」ボタンで早押しの形にします。

〈テレビ会議システムで手を挙げる方法（Microsoft Teams）〉

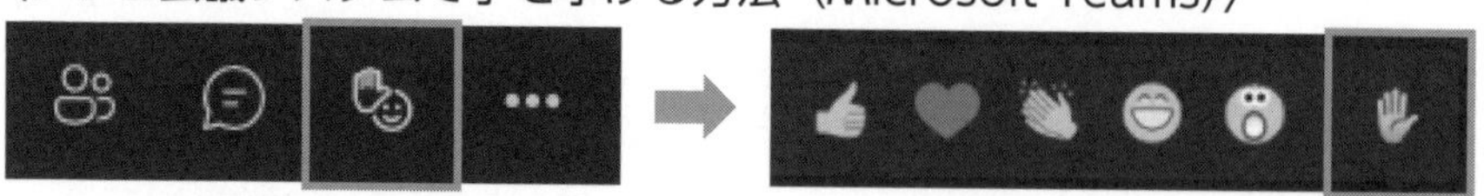

〈挙手を確認する方法〉
参加者一覧の名前の右に表示されます。

画数たし算 いくつかな 計算編

漢字の画数をたしたら、いくつになりますか。

(1) 右 ＋ 雨 ＝ 13

(2) 円 ＋ 王 ＝ 8

(3) 音 ＋ 下 ＝ 12

(4) 火 ＋ 花 ＝ 11

〈ワークシートの答え〉 (1) 13画 (2) 8画 (3) 12画 (4) 11画 (5) 15画 (6) 8画 (7) 11画 (8) 16画 (9) 8画 (10) 11画

画数たし算 いくつかな 問題作り編

答えの画数になるような漢字を見つけて四角に書きましょう。

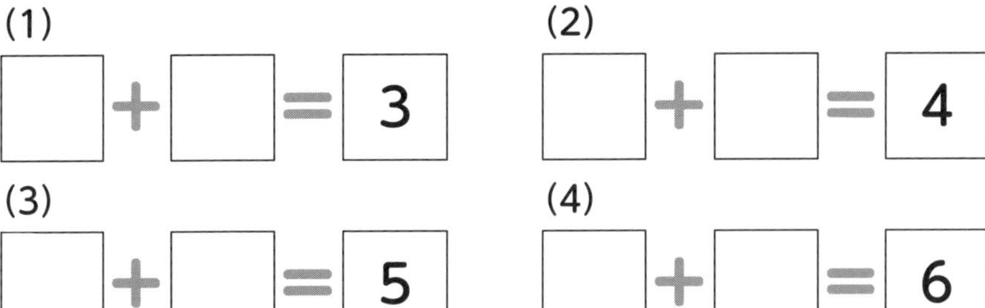

早くできたらやってみよう

問題ができたら、「青＋赤」のようにチャットに問題を書き込ませ、お互いに解き合ってもよいです。答えが13画以上になってもOKです（小学校で習う漢字のたし算の最大は40画です）。

069：あなたにこの漢字が読めるか

難読漢字クイズ

●所要時間：15分　　●対象学年：3年生
●対象単元：漢字の読み方（東京書籍）
〈つけたい力〉漢字の音と訓を理解し、正確に読む力

漢字の読み方が分かったら、「手を挙げる」ボタンを押しましょう。

GIGA端末　この場面でこう使う

学習の発展として行いたい。 教師がコンテンツを画面共有しながら進める。「手を挙げる」ボタンを押した子を指名しながら、テンポよく進めていく。授業の終末にワークシートを配布しておく。家で調べてくる子がいたら、大いに褒める。

麒麟
難しいなあ。
分かった！
きりんだ！

難読漢字クイズ　動物編
下の漢字は何と読むでしょう。
分かったら、「手を挙げる」ボタンを押しましょう。
＜ 第三問 ＞

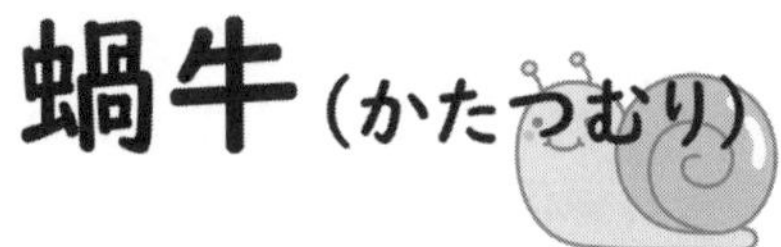
蝸牛（かたつむり）

難読漢字クイズ　動物編
下の漢字は何と読むでしょう。
分かったら、「手を挙げる」ボタンを押しましょう。
＜ 第五問 ＞

土竜（もぐら）

難読漢字クイズ 野菜・果物編

（　　　）年（　　　）組（　　　）番（　　　　　　　　）

下の漢字は何と読むでしょうか。

(1) 無花果　（ イチジク ）
(2) 桜桃　（ サクランボ ）
(3) 鳳梨　（ パイナップル ）
(4) 檸檬　（ レモン ）
(5) 石榴　（ ザクロ ）
(6) 石柏　（ アスパラガス ）
(7) 牛蒡　（ ゴボウ ）
(8) 萵苣　（ レタス ）
(9) 和蘭芹　（ パセリ ）
(10) 芽花椰菜　（ ブロッコリー ）

○他にも漢字で書ける果物や野菜があったらタブレットで調べてみましょう。

070：あなたは、どれだけの漢字を知っているだろうか

へん・つくりチャレンジ

●所要時間：15分　●対象学年：3年生
●対象単元：漢字の組み立てと意味（東京書籍）
〈つけたい力〉へんとつくりを理解して、漢字を正しく書く力

亻（にんべん）の漢字をできるだけたくさんスライドに書き込みましょう。制限時間は5分間です。用意、始め！

GIGA端末　この場面でこう使う

へんとつくりの学習のまとめに行う。いくつ書けたかを競う。自分の記録（点数）を掲示板のチャットに次々と書き込んでいく。オンライン宿題として授業後にも掲示板を開放しておくと、次々と記録が更新され、子供が熱中して取り組むようになる。

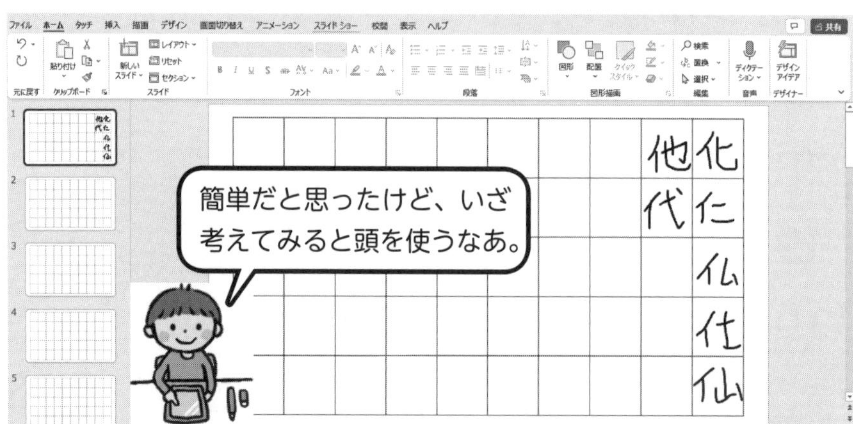

付属のワークシート（PowerPoint）を人数分コピーして共有します。
子供には、自分の名簿番号のスライドに書き込ませます。
全体で答え合わせをしながら、丸付け（チェック）を行います。
制限時間内に一番多く書けた人の勝ちです。
その偏の付く漢字が少ない場合は、2つ提示してもよいでしょう。

5分経ちました。鉛筆を置きましょう。
どんな漢字を書きましたか？

付くという字です。付着とか付録の「付」です。

同じ字を書いた人は、赤で丸を付けましょう。
まだ、他のを書いてある人はいますか？

修学旅行の「修」です。

〈発展編〉

下のへんが使われている漢字をできるだけたくさん書きましょう。1つ書けたら1点です。点数はチャットに書き込みましょう。

〈へん〉
亻 言 口 山 女 辶 彳 阝 𧾷 犭 扌 氵
忄 糸 飠 馬 火 木 日 牜 月 方 ネ 車

休	作	体	海	池	泳	指	持	拾	快
情	院	階	陽	姉	妹	始	味	唱	呼
後	待	役	独	犯	狩	峰	校	村	…

オンライン宿題にもピッタリ！

授業内で扱っておき、続きをオンライン宿題にしておくのもよいです。自主的に調べ、記録も大幅に更新されます。自分で調べる力も育成できます。

071：漢字はパーツとパーツの組み合わせ

合体漢字

●所要時間：15分　●対象学年：3年生

●対象単元：漢字の組み立てと意味（東京書籍）

〈つけたい力〉漢字の構成を理解し、当てはまるものを推定する力

偏に合うパーツを考えて、紙に書きましょう。

GIGA端末　この場面でこう使う

漢字を構成する要素について意識させるために行う。偏を担当するグループとそれに合うパーツを担当するグループに分かれて、互いのパーツを合体させて漢字を作るゲームである。端末を使って調べてもよいが、答えは紙に書かせる。テレビ会議システムを使って行う。合わせてできた漢字が実在するものだったら、何と読むか発表させる。

難易度☆　偏を決めておいて、教師と同じ漢字を書く

「さんずい」の漢字を1つ思い浮かべましょう。
「さんずい」と組み合わされるパーツだけ書きます。

汽
先生は、汽車の「汽」でした。
先生と同じだったら1ポイントです。

気
やったあ！　先生と一緒だ。
池だと思ったんだけどな。
也

難易度☆☆　偏（3種）と組み合わされるパーツを書く

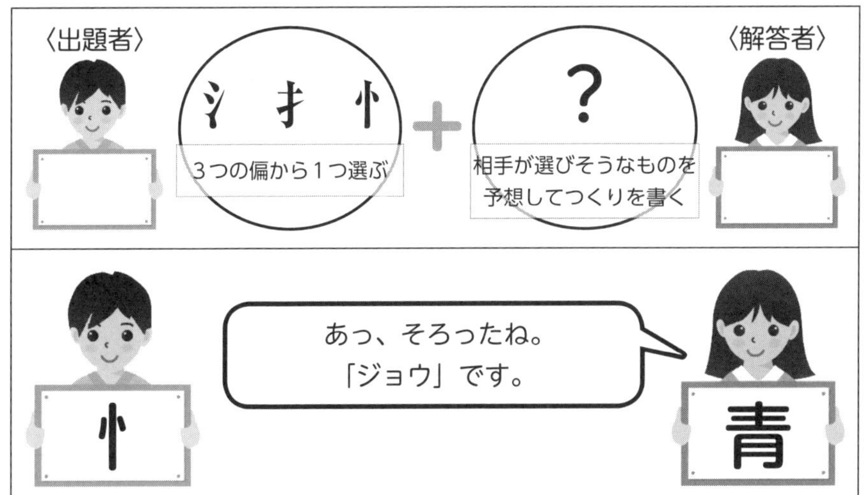

難易度MAX！　偏と組み合わされるパーツの両方を予想して書く

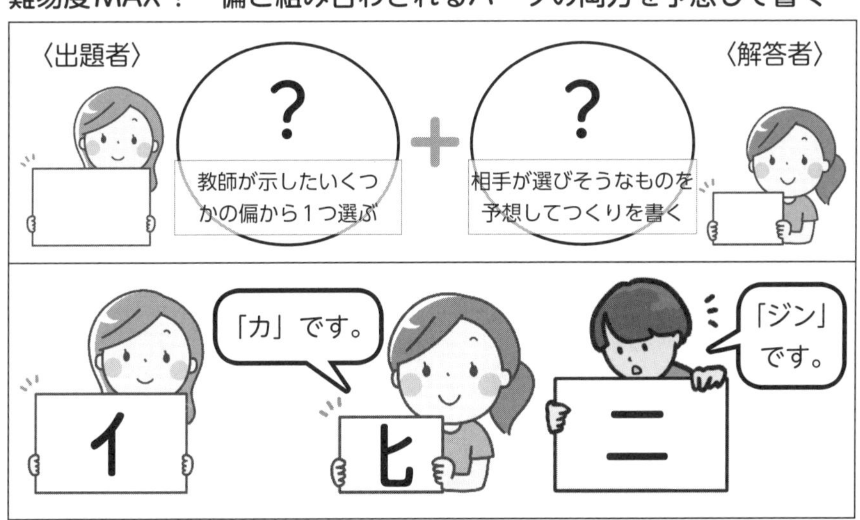

＊相当難しいと予想されますので、出題者を増やす、辞書を使う、端末を使って調べる等、学級の実態に合わせてアレンジしてご活用ください。「漢字辞典ONLINE」（https://kanji.jitenon.jp/jp/）が役に立ちます。

072：漢字を構成する部分に目を向けさせたいときに

カタカナ発見ゲーム

●所要時間：15分（ワークシート1枚につき）　●対象学年：3年生
●対象単元：漢字の組み立てと意味（東京書籍）
〈つけたい力〉漢字がどんな部分から構成されているかを考える力

次の漢字には、どんなカタカナが隠れていますか。

GIGA端末　この場面でこう使う

漢字には、いくつかの部分が組み合わされてできているものがある。ここでは、カタカナという視点から漢字を見る。付属のワークシートの練習問題で活動の意味を理解させたら、カタカナを含む漢字をできるだけたくさん集めさせる。集めたら、記録をチャットに書き込んでいく。チャット上で記録を競い合う。Jamboardをランキング表に活用する方法もある。

（1）1年生で習う漢字

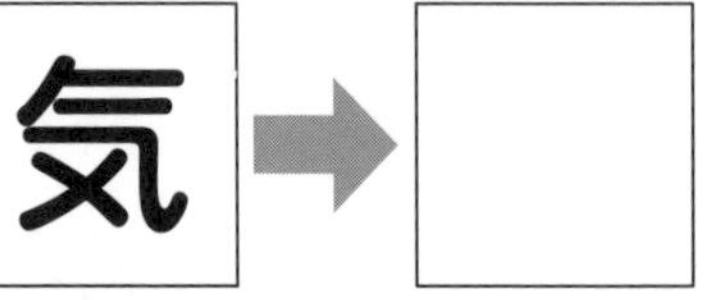

（2）2年生で習う漢字

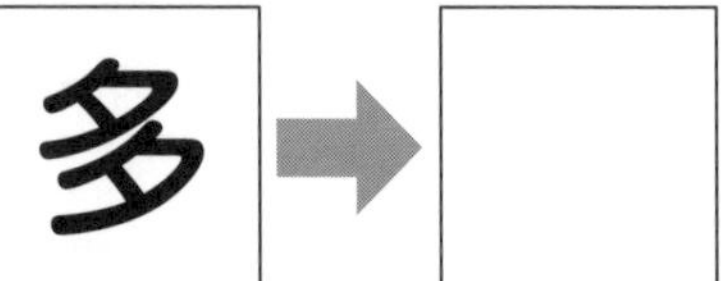

（3）3年生で習う漢字

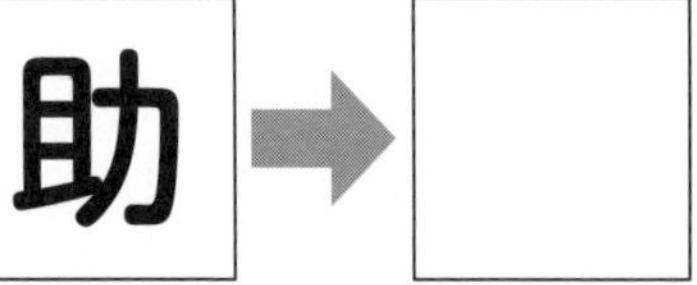

（4）4年生で習う漢字

（5）5年生で習う漢字

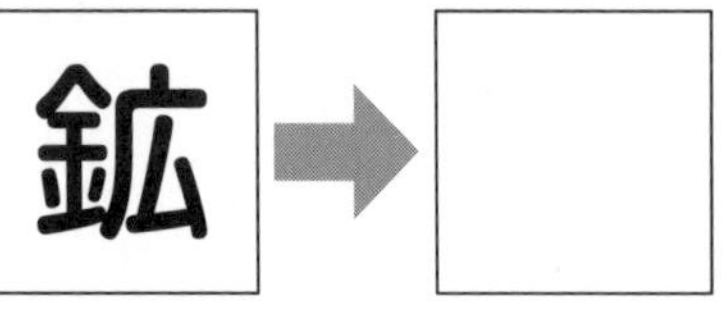

（6）6年生で習う漢字

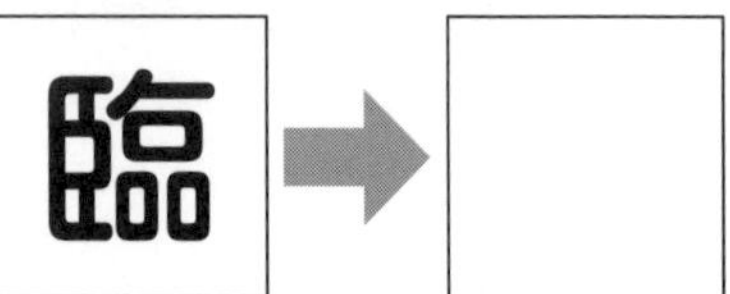

〈解答例〉（1）メ　（2）タ　（3）カ　（4）ハ　（5）ム　（6）ロ

他にもたくさんありそうですね。思いつくだけ書いてみましょう。

目標：1年生5個　2年生10個　3年生15個　4年生20個　5年生25個　6年生30個

使　向　味　血　八　花　左　友
多　空　江　加　名　兄　品　…

〈ワークシートの解答例〉
初級編：(1) イ　(2) ロ　(3) ハ　(4) ム　(5) タ　(6) エ　(7) ケ　(8) ハ　(9) イ　(10) メ
中級編：(1) メ　(2) タ、ト　(3) ム　(4) カ　(5) リ　(6) ロ　(7) ノ　(8) イ　(9) ロ　(10) カ

〈Jamboardで記録を競い合う方法〉

下記のJamboardのように、タイトルと記録更新のルールを記載しておくとよいです。

記録を更新したら、付箋に名前と記録を書かせます。

付箋を移動しながら、順位を入れ替えます。

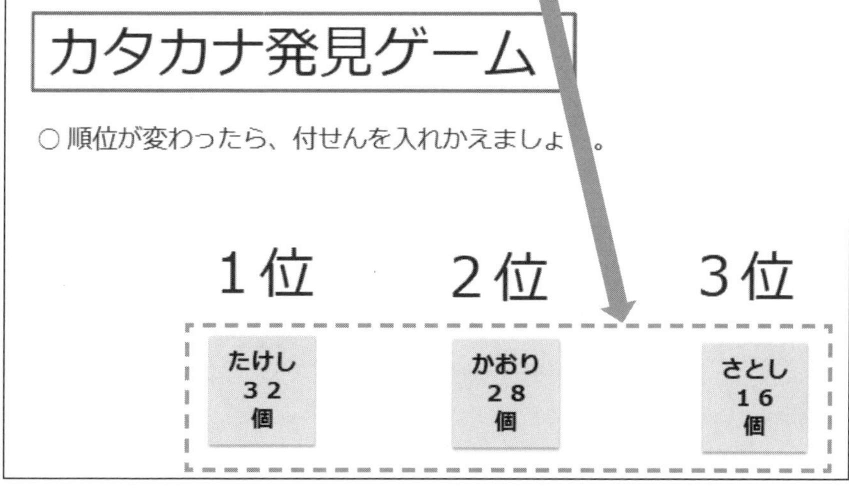

073：ちょっとした隙間時間にピッタリ！

漢字ビンゴ

●所要時間：15分　●対象学年：4年生

●対象単元：ごんぎつね（光村図書）

〈つけたい力〉漢字の読みと書きを一致させる力

漢字ビンゴをします。9つの漢字を選んで四角の中に書きましょう。発表された漢字に丸をつけます。1列そろったらビンゴです。

GIGA端末　この場面でこう使う

物語教材の授業の始めや終わりの5分程度を使って行う。フォーマットを事前に配布したり、クラスの共有スペースにアップしたりしておけば、いちいちプリントを印刷することなく、いつでも実践できる。

〈進め方〉

1　選ぶ漢字の範囲を指定する

例：「漢字ドリルの9、10番から」「教科書85ページから」など

2　3分程度時間をとり、子供に漢字を記入させる

3　発表した漢字に丸を付けていく

＊発表の時に、漢字を言うだけでなく、使い方や音訓などを発表させるとよいです。

音読みは「ハン」
訓読みは「めし」
です。
議です。
不思議の
「議」です。

4　12、3人に発表させ、ビンゴになったかどうか聞く

＊発表の人数は学級の実態に合わせて変えます。

〈ワークシート例〉

漢字ビンゴ「ごんぎつね」

下の四角の中から、9つの漢字を選んで四角の中に書きましょう。言われた漢字に丸をつけます。1列そろったらビンゴです。

種	差	飯
続	念	連
不	議	松

変　種　続　折　積　飯　松
不　議　差　念　連　景　末

074：漢字をさまざまな方向から見てみよう

口に二画たしてできる漢字

●所要時間：30分　●対象学年：4年生
●対象単元：漢字辞典の使い方（東京書籍）
〈つけたい力〉辞典を活用して調べる力

次の図に二画を付け加えて漢字を作りましょう。15個以上つくりましょう。

GIGA端末　この場面でこう使う

漢字辞典を使った調べ学習として行う。まずワークシートを配信し、課題として取り組む。課題を提出した後、班で出し合って、検討する。最後に全体で出し合い、クラス全員でいくつ書けたか確認する。

1　配信された付属のワークシートに取り組む

左の図に二画を付け加えて漢字を作りましょう。
十五個以上作りましょう。

口

（例：田）

右、石、台、目、白、囚、
古、占、申、号、旧、由、
兄、句、叶、四、只、甲、
司、史

2　協働学習コンテンツ（コラボノート等）を使用して、グループで集約・検討する

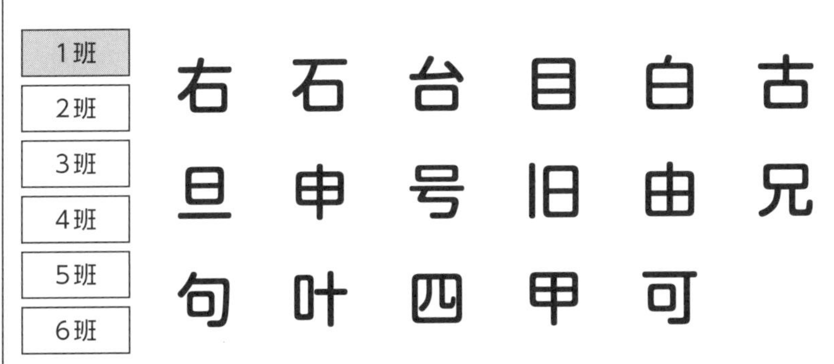

僕の名字の「加」もあるよ。

歴史の「史」もそうじゃない？

3　グループごとに発表し、集約する。最後に付け加えがないか聞く

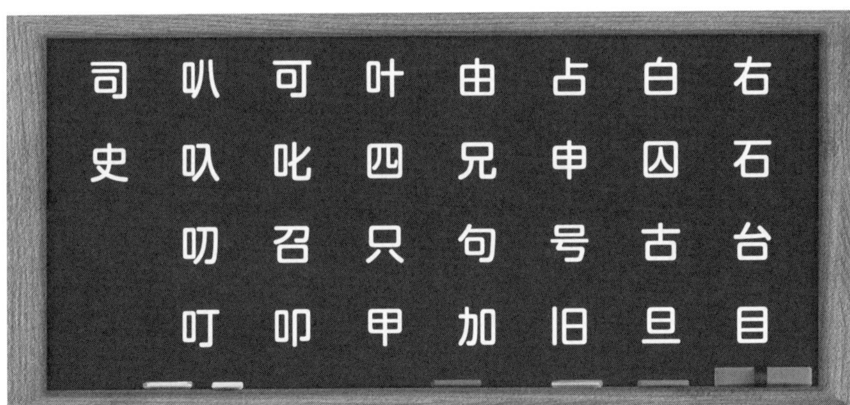

司　叭　可　叶　由　占　白　右
史　叺　叱　四　兄　申　囚　石
叨　召　只　句　号　古　台
叮　叩　甲　加　旧　旦　目

授業で使える！豆知識

ポイント①「あと３つ付け足せる人」、「あと２つ付け足せる人」……と展開していくと、教室が盛り上がります。

ポイント②「戸」などの判定が難しい字は、学級の実態に合わせて含めても大丈夫です。

075：漢字へのイメージを膨らませたいときに

から漢字発見！

●所要時間：30分　●対象学年：4年生
●対象単元：漢字辞典の使い方（東京書籍）
〈つけたい力〉漢字を様々な視点から見て、発想する力

次の図の中にいくつの漢字が含まれていますか。30以上探しましょう。

GIGA端末　この場面でこう使う

漢字辞典に慣れ親しませたいときに行うゲームである。ワークシートに取り組んだ後、Jamboardを使って発表させていく。図形をなぞらせながら、どの漢字を見つけたのかを発表させる。授業の最後では、たくさんの漢字をみんなで集めることができたことを話し、クラス全体としての達成感を味わわせたい。

1　配信された付属のワークシートに取り組む

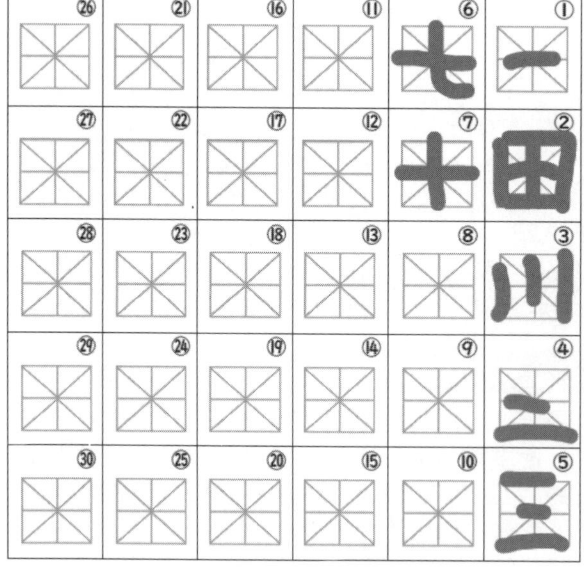
次の図の中にいくつの漢字がふくまれていますか。なぞりましょう。三十個以上さがしましょう。
一
田
川
二
三
七
十

2　意見をJamboardに書き込みながら発表する

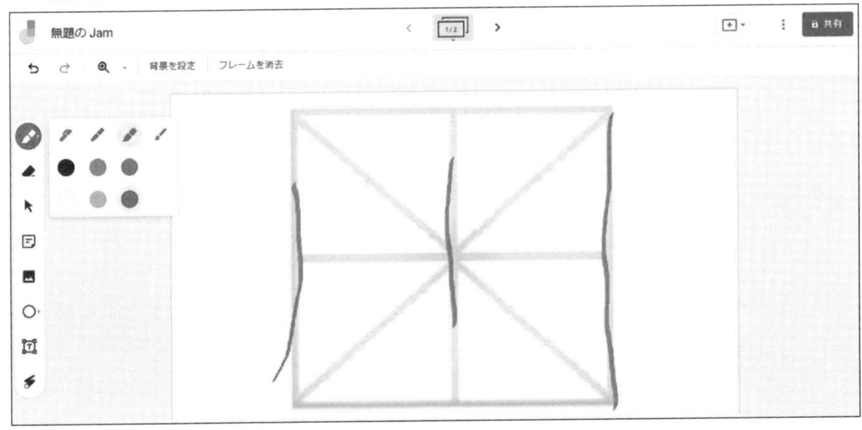

〈Jamboardの設定の仕方〉

①QRコードから、図形をダウンロードして、背景に設定します。
「背景の設定」をクリックし、「画像」を選択します。
ファイルを選択するか、ドラッグすると背景に固定化されます。
始めに何枚かコピーしておくと便利です。

②「ペン」機能から種類と色を選択します。
Jamboardはペンの太さが変えられませんので、「蛍光ペン」の「赤色」がオススメです。

③「次のフレーム」を選択し、次の子に書かせていきます。
フレームが足りなければ、フレームバーを展開してコピーします。

3　出された漢字について検討する

「四」や「品」など、線が重なってしまう漢字の扱いは、時間があれば検討します。

学級の実態によっては、教師が判定してもよいでしょう。多少、無理があっても発想を褒めていくと、大変盛り上がる授業になります。

076：熟語の意味に注目させたいときに

漢字の逆立ち

●所要時間：45分　●対象学年：4年生
●対象単元：熟語の意味（光村図書）
〈つけたい力〉字の意味に注目して熟語を正しく理解する力

逆さまにしても成立する熟語を見つけましょう。見つけたら、付箋機能に書き込んでいきましょう。

GIGA端末　この場面でこう使う

単元の発展学習として行う。順番を入れ替えても成立する熟語を集め、分類する活動である。集約・分類は、Jamboardなどの付せん機能を使う。分類したものにタイトルを付けることで、熟語への見方・考え方を養うことができる。

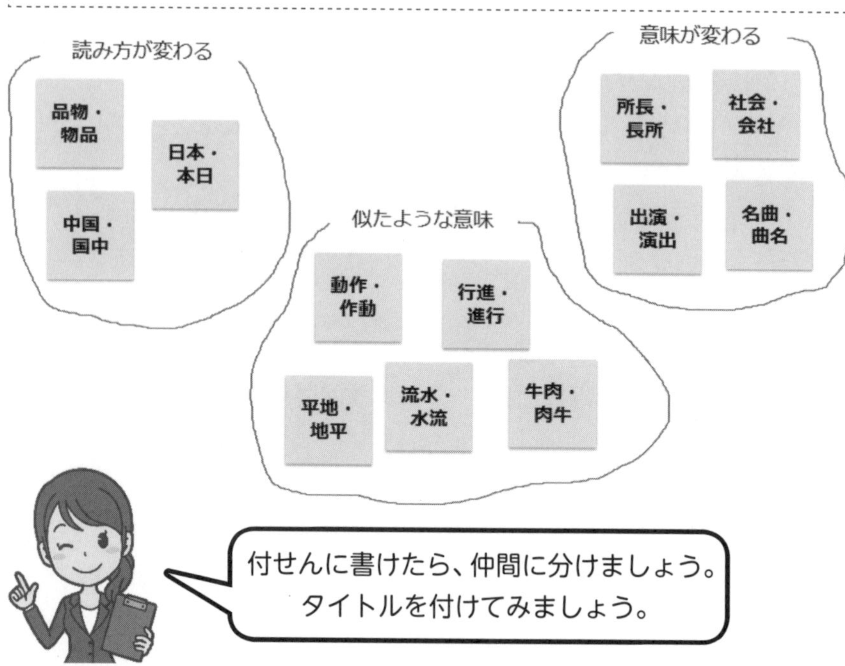

〈解答例〉

漢字のさか立ち　ベーシック

（　　）年（　　）組（　　）番
名前（　　　　　　　　）

逆さまにしても意味が通る漢字を四角の中に入れましょう。

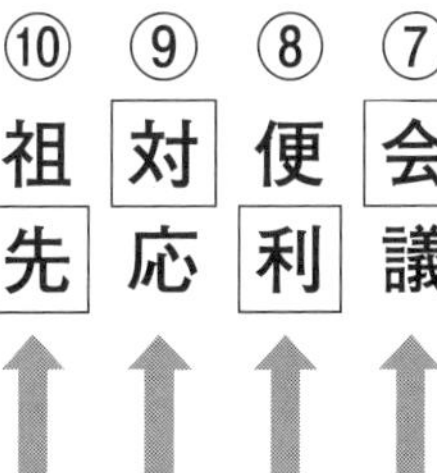

①	動作	作動
②	材木	木材
③	路線	線路
④	君主	主君
⑤	平地	地平
⑥	命運	運命
⑦	会議	議会
⑧	便利	利便
⑨	対応	応対
⑩	祖先	先祖

漢字のさか立ち　アドバンス

（　　）年（　　）組（　　）番
名前（　　　　　　　　）

逆さまにしても意味が通る漢字を四角の中に入れましょう。

①	降下	下降
②	階段	段階
③	王国	国王
④	所長	長所
⑤	筋道	道筋
⑥	重荷	荷重
⑦	体得	得体
⑧	名曲	曲名
⑨	規定	定規

○できたら、自分で問題を作って掲示板に書き込んでみよう。

077：漢字よ続け、どこまでも

熟語しりとり

●所要時間：15分　●対象学年：4年生
●対象単元：じゅく語の意味を考える（東京書籍）
〈つけたい力〉たくさんの熟語を書き、分類する力

漢字二字の熟語でしりとりをします。記録はチャットに書き込みましょう。

GIGA端末　この場面でこう使う

熟語のさまざまな構成を知るためには、熟語をたくさん集めた上で分類させる必要がある。単元の導入で行い、たくさんの熟語を出させたい。集めた熟語は、協働学習のできるアプリ（Jamboardやコラボノート等）で分類できる。

〈一人で行う場合〉

課題としてGIGA端末に配信し、取り組みます。記録は熟語1つにつき1点として計算して、記録をチャットに書き込みます。何回も挑戦して、自分の記録を更新したらチャットの記録も更新します。

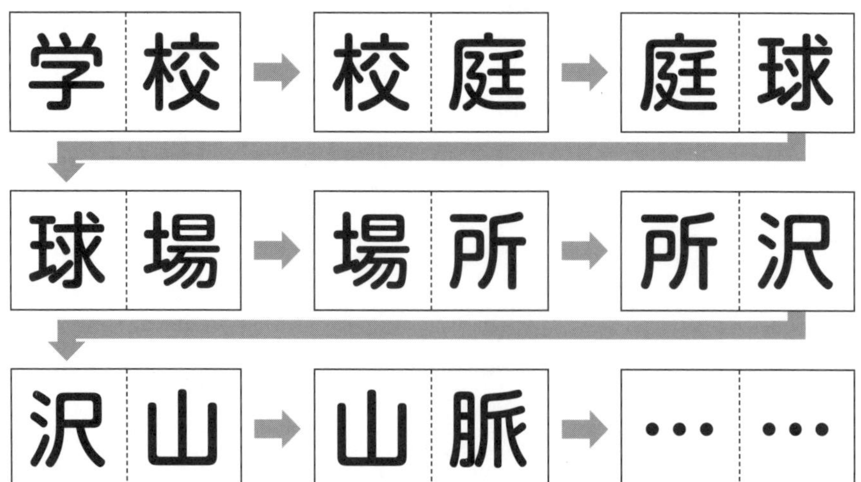

〈二人以上で行う場合〉

協働学習ができるアプリを使用します（下写真はJamboard）。付せん機能を使い、順番に書き込んでいきます。制限時間を設け、その中で書けた数を記録とします。

＊スムーズに活動に入るためには、「今日は、学校という熟語から始めます」などと始まりの熟語を指定する方法もあります。

〈さらに学びを深めるために〉

出された熟語を分類する授業を行います。以下の５つに分けます。観点は先に示す方法と後に示す方法のどちらでも構いません。

①似た意味を表す漢字を組み合わせたもの
②意味が対になる漢字を組み合わせたもの
③上の漢字が下の漢字の意味を詳しく説明しているもの
④上の漢字が動作や作用を、下の漢字が「～を」「～に」を表すもの
⑤上の漢字が下の漢字の意味を打ち消しているもの

Jamboardを使用していれば、付箋を移動させることで簡単に分類することができます。

授業で使える！豆知識

〈日本生まれの漢字　国字〉　漢字は中国から伝えられたものがほとんどです。しかし 、日本生まれの漢字もあるのです。国字と言います。「働」「峠」「込」「畑」「匂」などは、日本生まれの「漢字」なのです。GIGA端末でも調べてみてください。

078：熟語のイメージを広げさせたいときに

漢字パズル

●所要時間：25分（ワークシート1枚につき）　●対象学年：4年生
●対象単元：じゅく語の意味を考える（東京書籍）
〈つけたい力〉熟語の構成を理解し、使う力

GIGA端末　この場面でこう使う

様々な漢字を使った熟語集めを漢字パズルという形で行う。問題を配付し、隣同士のペアや班でJamboardなどのデジタルホワイトボードを使いながら話し合う。答えが合っていれば、1ポイントとして競い合うと盛り上がる。

漢字パズル　その1

（　　）年（　　）組（　　）番（　　　　　　　　　）

下の四角に漢字を入れて、熟語を完成させましょう。

漢字パズル　その2

(　　)年(　　)組(　　)番(　　　　　　　　　　)

下の丸に漢字を入れて、熟語を完成させましょう。

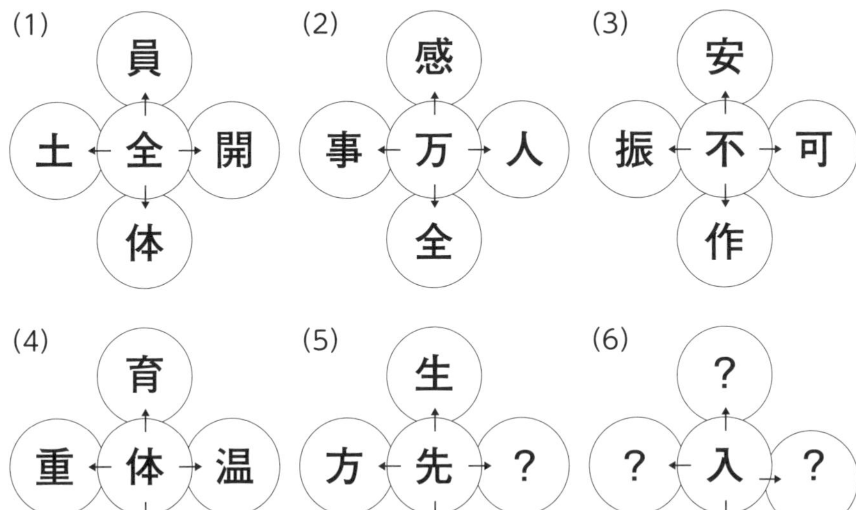

〈ゲームを実施するポイント〉

慣れてきたら、人数を減らしていくと、達成感がより強くなります。

〈その1の解答〉
(1) 上　(2) 世　(3) 中　(4) 京　(5) 人　(6) 交　(7) 代　(8) 付　(9) 会

〈その2の解答例〉
(1) 全員、全開、全体、全土　(2) 万感、万人、万全、万事　(3) 不安、不可、不作、不振
(4) 体育、体温、体感、体重　(5) 先生、先月、先行、先方　(6) 入学、入国、入場、入力
(7) 出国、出場、出欠、出土　(8) 分解、分子、分速、分数　(9) 予算、予言、予告、予想

079：同じ読み方でも 意味が違うことを教えたいときに

同音ビンゴ

- ●所要時間：30分　●対象学年：4年生
- ●対象単元：同じ読み方の漢字（東京書籍）

〈つけたい力〉同じ読み方の漢字を知り、語彙を広げる力

GIGA端末　この場面でこう使う

同じ読み方の漢字を学ぶ単元である。まずは、ビンゴで同じ読み方の漢字に慣れ親しむ。ビンゴの後に、漢字を使った熟語を考えさせる時間を取る（付属のワークシート2、4枚目）。熟語を列挙させていく中で、意味の違いに目を向けさせていく。何個書けたかの記録は、チャットに書き込むか、Googleフォーム等に入力させる。

「トウ」と読む漢字を四角に入れましょう。

頭　答　東
刀　湯　豆
登　糖　倒

刀　冬　当　灯　投　豆　東
島　党　湯　登　答　等　頭

「トウ」なら、
砂糖の「糖」も
入れていいね。

「トウ」と読む漢字を使った熟語を下の四角にできるだけたくさん書きましょう。1つ1点です。

①砂糖
②糖質
③東西
④豆苗
⑤倒壊
⑥解答
⑦回答
⑧答案
⑨抜刀
⑩登校
⑪登場
⑫登頂
⑬熱湯
⑭登竜門
⑮刀工
⑯冬眠
⑰刀剣

17点

すらすら出てくる漢字と
そうでない漢字が
あるなあ。

＊列挙された中で、「登という漢字にはどのような意味がありますか」などと発問すると、漢字の持つ意味に迫ることができます。
＊ここで書く漢字は、指定されたものとしています。
違う読み方（例：登山の「登」は「ト」と読む）はカウントしません。
＊学級の実態に合わせて、ペアやグループで考えさせてもよいです。班対抗にすると、大変盛り上がります。

080：古代文字（白川フォント）が読めるかな

古代文字解読ゲーム

●所要時間：15分　●対象学年：5年生

●対象単元：漢字の成り立ち（東京書籍）

〈つけたい力〉漢字の由来や特質について理解する力

宝箱を見つけたよ！宝の入っているのはどれだろう？
古代文字を解読して、宝を見つけよう。

GIGA端末　この場面でこう使う

漢字の成り立ちの発展学習として行う。付属のワークシートを配信して、記入できたら課題として提出する。GIGA端末を使って調べ学習を行ってもよい。白川フォントを変換できるサイトを使用して、正解を予想しながら取り組ませるのも効果的である。

〈宝探し編〉

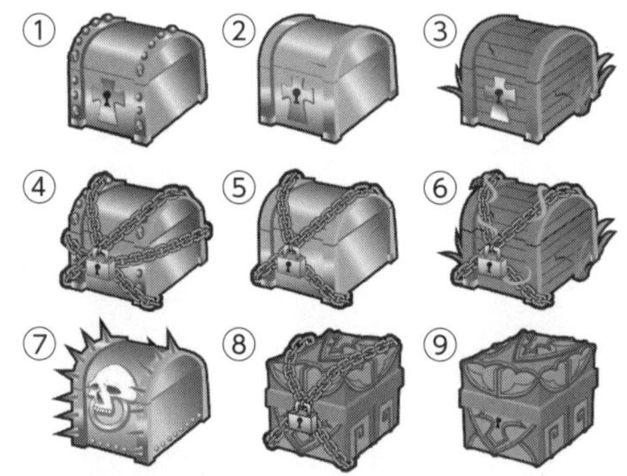

宝箱には、鎖がかかっている。

ふたは、丸みを帯びている。

宝石がついているぞ。

中に王冠が入っているぞ。

〈答え〉

宝箱……□番

宝物……□

答え　④、王冠

〈漢字クイズ編〉

漢字が古代文字に変身したよ。何の漢字かな。

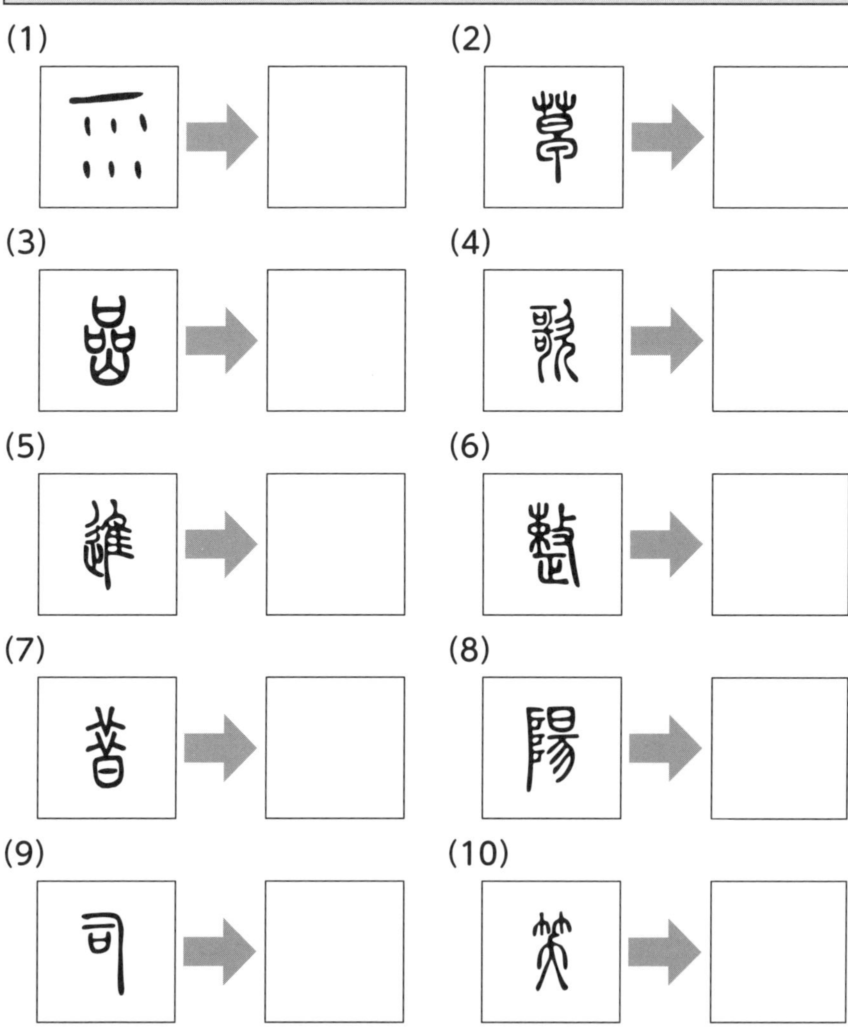

〈答え〉

(1) 雨　(2) 草　(3) 岩　(4) 歌　(5) 進
(6) 整　(7) 昔　(8) 陽　(9) 司　(10) 笑

081：どこの国の名前か分かるかな？

難読！　国名漢字クイズ

- 所要時間：15分　　●対象学年：5年生
- 対象単元：：和語、漢語、外来語（東京書籍）

〈つけたい力〉漢字の音や意味から国名を推察する力

飛行機に乗って旅に出かけよう。行先の国が分かるかな。

GIGA端末　この場面でこう使う

教科書の学習内容の発展学習として行う。付属のワークシートを配信して課題として提出する。オンライン宿題としてもよい。

〈答え〉①アメリカ　②イギリス　③インド　④チリ　⑤ベトナム　⑥ロシア

国名、都市名3ヒントクイズ

飛行機に乗って旅に出かけよう。行先の国が分かるかな。

（1）国名です。

ヒント1：緯度が日本とほとんど同じです。
ヒント2：長靴のような形をしています。
ヒント3：ピザやパスタで有名な国です。

（2）国名です。

ヒント1：ユーラシア大陸最西端に位置しています。
ヒント2：特産品はコルクで世界生産の50%を占めています。
ヒント3：1543年にこの国から鉄砲が伝えられました。

（3）都市名です。

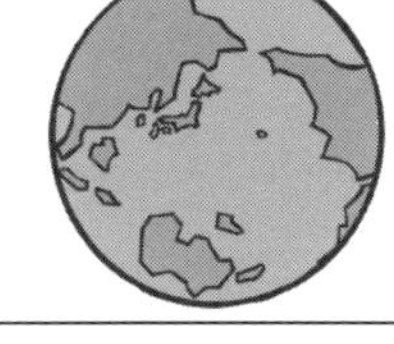

ヒント1：日本との時差は13時間です。
ヒント2：青森県とほぼ同緯度です。
ヒント3：自由の女神が観光スポットです。

〈答え〉（1）伊太利：イタリア　（2）葡萄牙：ポルトガル
（3）紐育：ニューヨーク

授業で使える！豆知識

〈国名の漢字表記について〉

国名の漢字表記には、漢字の音を当てたものが多くあります。正式な表記というわけではなく、古い文書で使われていたものが定着していったものが多いようです。使われることも少なくなってきましたが、今でも新聞などでは見かけることがありますね。

082：対になる漢字を楽しく学習させたいときに

反対漢字を探せ！

●所要時間：15分　　●対象学年：5年生
●対象単元：：熟語を使おう（東京書籍）
〈つけたい力〉漢字の持つ意味を考えて組み合わせる力

意味が対になる漢字を見つけてワークシートに書きましょう。

GIGA端末　この場面でこう使う

意味が対になる漢字の組み合わせを考える学習の中で行う。コンテンツを配信して、文字を動かしながら行うことで「対になる」という意味の理解を促す。最終的に見つけた熟語をワークシートに記入し、提出させる。

〈付属のワークシートを使用する場合〉
ワークシートを配信して、できたら課題として提出します。

反対漢字を探せ　その２

（　）年（　）組（　）番（　　　　　　　　）

意味が対になる漢字を見つけて下の四角に書きましょう。

買　損　悪　楽　縦　昔　売　閉
重　開　横　進　裏　苦　善　寒
旧　退　新
今　得　暖　軽　表

今昔	軽重	損得	

〈付属のコンテンツ（PowerPointを使用する場合〉

コンテンツを配信して、文字を動かしながら熟語を完成させます。

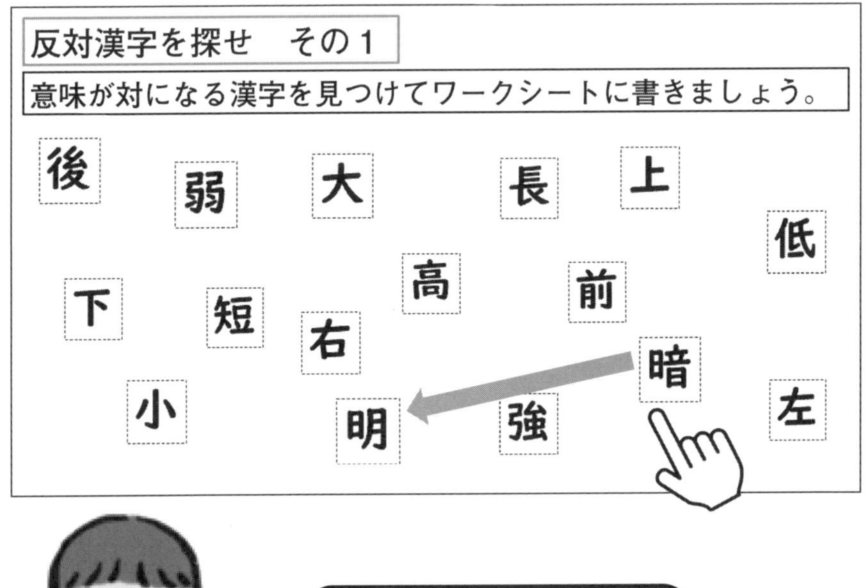

明暗、明暗っと。
明るいと暗いは、意味が対になっているもんね。

〈授業後のワークシートの様子と解答〉

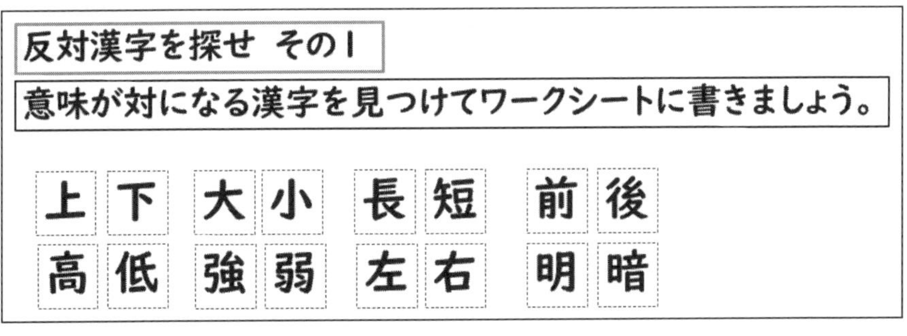

〈その２の解答〉

売買　苦楽　損得　縦横　開閉　寒暖　善悪　軽重　今昔　進退　表裏　新旧

083：聞こうとする気持ちを高めたいときに

口パク当てクイズ

●所要時間：20分　●対象学年：1年生

●対象単元：ききたいな、ともだちのはなし（光村図書）

〈つけたい力〉口形に注意して、言葉を推定する力

何を言っているか当てます。ただし、声を出してはいけません。

GIGA端末　この場面でこう使う

口パク当てクイズは大変盛り上がる活動である。しかし、教室で行うと、座席の位置によって見にくくなってしまうこともある。テレビ会議システムを使えば、全員が同じ大きさで見ることができる。相手が何を言っているかということに興味をもてば、自然と人の話も聞くようになる。

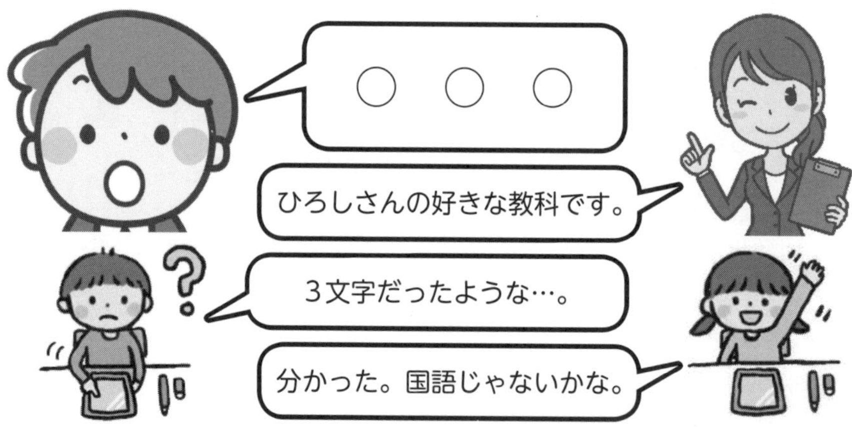

始めは、2文字か3文字の短い言葉を指定します。何度か言わせてみたり、「果物です」などヒントを出したりしながら、楽しく進めます。 答えさせ方は、挙手指名やチャットに書き込むなど学級の実態に合わせて行ってください。当たったら1ポイントのようにゲーム化すると盛り上がります。

慣れてきたら、上の絵のように「好きな教科」「紹介したい本」など、テーマを示して答えさせても面白くなります。

084：たくさんの昔話にふれさせたいときに

お話あてクイズ

●所要時間：10分　●対象学年：1年生

●対象単元：むかしばなしを たのしもう（東京書籍）

〈つけたい力〉キーワードから物語を推定する力

先生が、お話に出てくるものを言っていきます。何の物語か分かったら、「手を挙げる」ボタンを押します。名前を呼ばれたら答えてくださいね。

GIGA端末　この場面でこう使う

本実践はオンライン授業を想定している。たくさんの昔話にふれさせたい単元である。教師がお話のキーワードを言っていき、題名が分かった子供は手を挙げて当てるクイズである。意欲喚起として単元の導入に行ってもよいし、確認として単元の終末に行ってもよい。

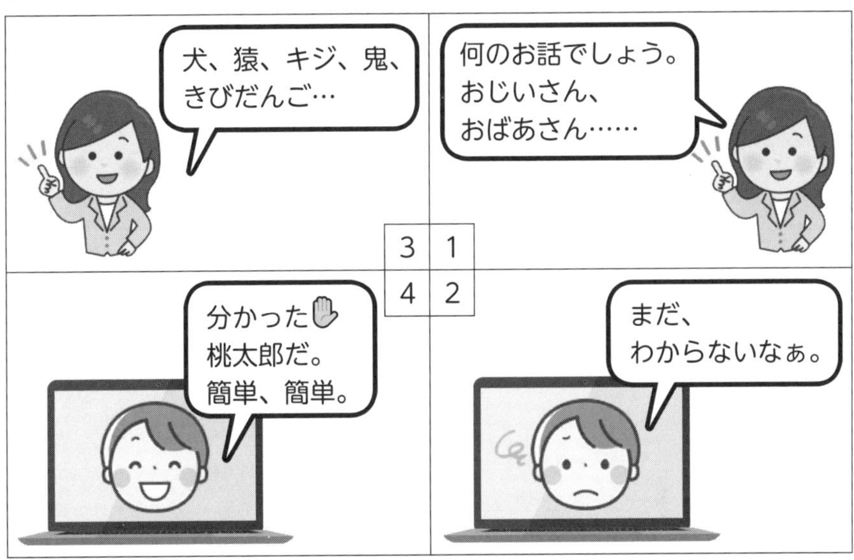

簡単な問題をたくさん行うと、物語の共通点や相違点が見えてきます。

085：先生の間違いを聞き逃すな！

ダウト読み

●所要時間：10分　●対象学年：2年生
●対象単元：ビーバーの大工事（東京書籍）
〈つけたい力〉文章の内容を理解して、正確に聞く力

今から先生が音読します。もし間違えちゃったら、「手を挙げる」ボタンを押します。

GIGA端末　この場面でこう使う

低学年で鉄板の活動「ダウト読み」はオンラインでも実施できる。Zoomの「手を挙げる」ボタンを活用すると、非常に盛り上がる。

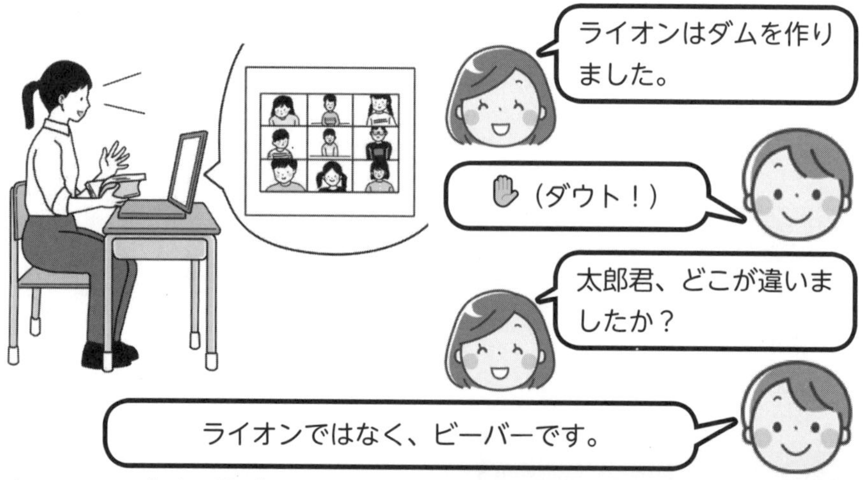

ライオンはダムを作りました。
（ダウト！）
太郎君、どこが違いましたか？
ライオンではなく、ビーバーです。

〈Zoomで「手を挙げる」方法〉

1　リアクションボタンを押します。
2　「手を挙げる」を押します。
3　画面か参加者一覧から手を挙げている子を見つけて、指名します。

086：楽しく質問をさせたいときに

NGワード

- ●所要時間：15分　●対象学年：3年生
- ●対象単元：もっと知りたい、友だちのこと（光村図書）

〈つけたい力〉必要なことを質問して答えを引き出す力

NGワードを言ったら負けです。みんなは、NGワードを引き出せるような質問を考えましょう。

GIGA端末　この場面でこう使う

友達に質問する活動のウォーミングアップとして行う。回答者にNGワードを言わせたら勝ち。回答者は、NGワードを予想しながら、かわすように答える。教師は、回答者以外の子にNGワードを教える。回答者以外の子はNGワードを引き出すような質問をしていく。

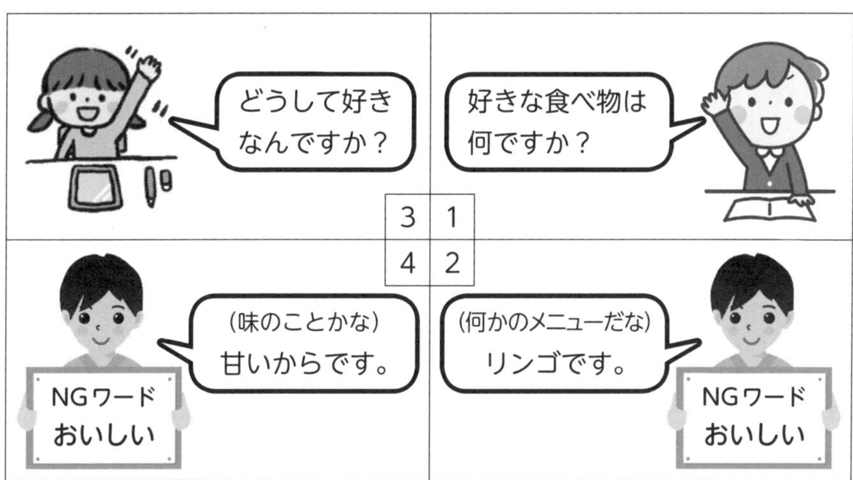

NGワードの例　①名詞（本、パイナップル、服など）
②動詞（走る、食べる、調べるなど）
③形容詞・副詞（面白い、すごい、ずっとなど）
④その他（口癖、相槌など）

087：質問をして数字をゲット！

ナンバーインタビューゲーム

●所要時間：30分　●対象学年：1年生
●対象単元：ききたいな、ともだちのはなし（光村図書）
〈つけたい力〉聞きたいことを引き出すための質問を考える力

友達に質問をします。答えに出てきた数字をメモしていきましょう。質問できるのは3回だけです。最後に、数字を全て足します。それが、点数になります。得点が多い方が勝ちです。

GIGA端末　この場面でこう使う

質問するための技能の第一歩を身につけるための活動である。オンライン授業やハイブリッドなタイプの授業を想定している。1年生のこの時期にテレビ会議システムに参加する方法や話すときだけミュートを外すなどの基本的なルールを身につけさせたい。

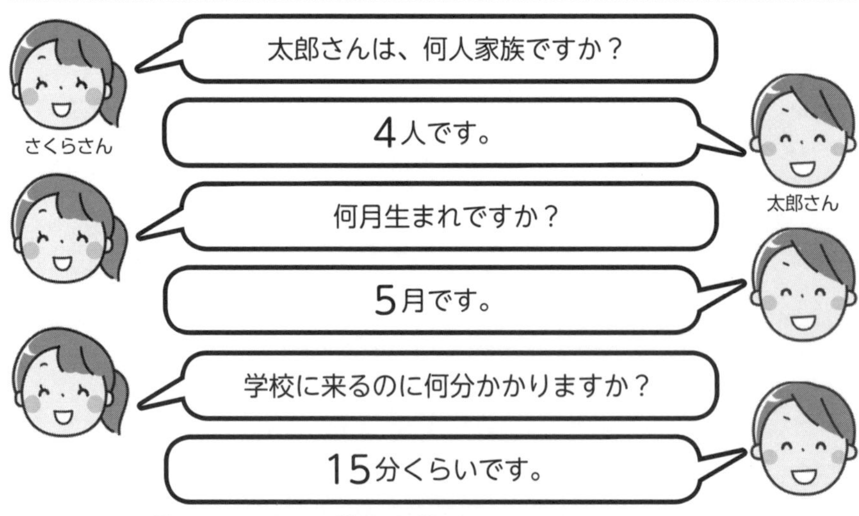

太郎さんは、何人家族ですか？
4人です。
さくらさん
何月生まれですか？
太郎さん
5月です。
学校に来るのに何分かかりますか？
15分くらいです。

このように質問しながら、数字を集めていきます。
上の記録は、4＋5＋15で「24点」になります。

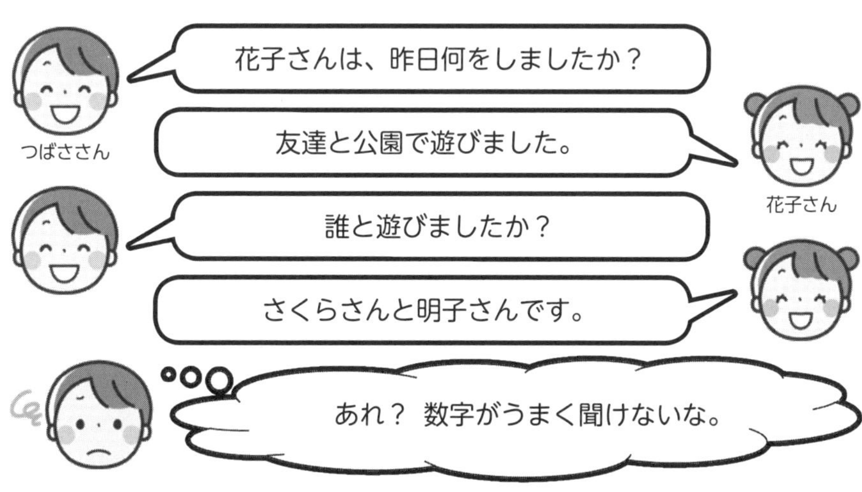

花子さんは、昨日何をしましたか？
つばさざん
友達と公園で遊びました。
花子さん
誰と遊びましたか？
さくらさんと明子さんです。
あれ？ 数字がうまく聞けないな。

つばさざんは、なぜ数字をうまく聞き出せないのでしょうか。あなたの考えを四角の中に書いてみましょう。

つばさざんは、どんな質問をしたら数字を聞き出せますか。あなたの考えを四角の中に書いてみましょう。

・

・

・

088：話している内容を考えながら聞かせたいときに

怪盗ルパンは誰だ！

●所要時間：15分　●対象学年：4年生
●対象単元：たしかめながら話を聞こう（東京書籍）
〈つけたい力〉聞きたいことの中心を考えて聞く力

4人の人にそれぞれのテーマについて話し合ってもらいます。
1人だけ、違うテーマで話している人（ルパン）がいます。
その人が誰かを当てましょう。話し合う時間は3分間です。

GIGA端末　この場面でこう使う

「話している内容を注意深く聞く」というねらいを意識させるために単元の導入で行う。4人の中で1人だけ違うテーマで話している人を「ルパン」とし、その人を見破ることができたら勝ち。テーマは、Zoomのチャット機能で個別に送信する。

〈4人が代表で話し、みんなが当てる〉

A：黒くて、かっこいいけど、私は触れないな。
C：そうそう、角がかっこいいよね。
B：夏休みといえば、これを捕まえたいよね。
D：前に飼っていたけど、はさまれて痛かったな。
あれ、「角」と「はさまれた」？
何かおかしいぞ

＊慣れてきたらグループ内で当て合う方法もできます。

〈ゲームの進め方〉

①話し合うメンバーにGIGA端末でテーマを送信します。
A君、Bさん、C君：カブトムシ　　Dさん：クワガタ

②お互いに相手のテーマが分からないので、探りを入れながら話し合います。相手のことを引き出しながら、自分のことは知られないように駆け引きをしながら話し合いましょう。

③周りの友達は、その話を聞きながら、違うテーマで話しているルパンを探します。

④３分後、聞いている人たちがルパンを見破ったら勝ちです。

⑤ルパンは見破られても、助かる方法があります。自分以外の人のテーマを当てたらセーフになります。
例：「みんなのテーマはカブトムシですか」→セーフ！
「みんなのテーマは昆虫採集ですか」→アウト！

〈おすすめのテーマ例〉

エビ	カニ
おはようございます	こんにちは
チョコレート	キャラメル
砂糖	塩
海水浴	プール
１億円もらったら	10万円もらったら
水族館	動物園
お年玉	誕生日プレゼント
かき氷	アイスクリーム

089：詩人へのファーストステップ

連想ゲーム

●所要時間：45分　●対象学年：4年生
●対象単元：感動を言葉に（光村図書）
〈つけたい力〉言葉のもつイメージを広げて表現する力

友達の言葉を聞いて、お題を当てましょう。

GIGA端末　この場面でこう使う

詩を書くための言葉集めへのステップとして行う。連想ゲームを行い、言葉のイメージを広げる練習を行う。慣れてきたら、Jamboardなどの付箋アプリで言葉集めを行う。その言葉を組み合わせて詩を書くと、表現が豊かになる。

1　4人程度のグループ（生活班など）にお題を教え、イメージする言葉を書かせたのち、発表します。

2　友達の発表を聞き、答えをチャットに書き込みます。
合っていたら1ポイント。何度か行い、一番得点の多い人が勝ちです。

3　誰のヒントがよかったか、効果的だったかを振り返ります。
＊3の評価活動は、学級の状態に合わせて省いても大丈夫です。

〈ワークシート〉

お題から思いうかんだ言葉を下の四角にできるだけたくさん書きましょう。

＜1回目＞

お題 **夏休み**

＜お題から思いうかんだ言葉＞

暑い	クーラー	海水浴
スイカ割り	アイス	虫取り
自由研究	花火	お祭り

＊授業が終わったら、授業の感想をチャットに書き込みましょう。

○今日の授業をふり返って、できていたら□にチェックを入れましょう。
□お題から連想する言葉を書くことができた　□言葉を発表できた
□友だちの意見でなるほどという言葉があった

〈詩を書くための言葉集め（Jamboard）お題：夕日〉

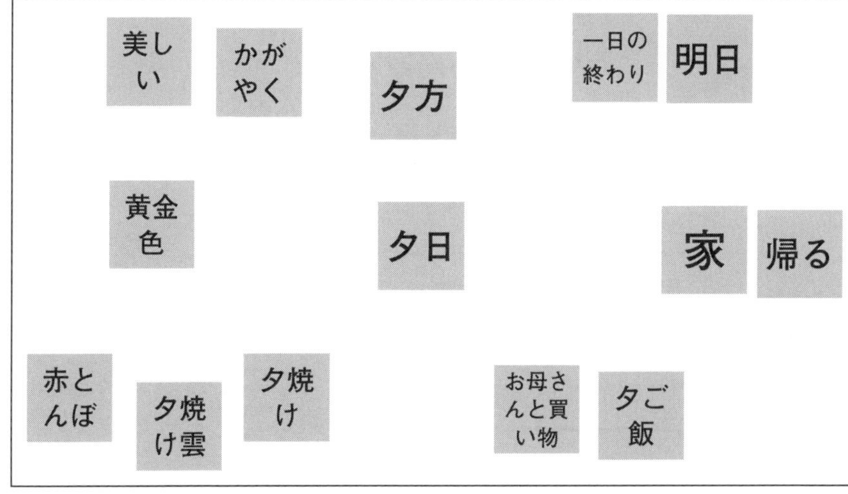

090：友達と協力して記録を伸ばそう

文字数限定しりとり

●所要時間：20分　●対象学年：1年生
●対象単元：あつまって　はなそう（光村図書）
〈つけたい力〉相手の言葉を落とさずに聞き、話をつなぐ力

3文字の言葉でしりとりをします。
始めの言葉は、「あんこ」です。

GIGA端末　この場面でこう使う

1年生の4月単元である。テレビ会議システムにスムーズに入る練習をしたい。回線が切れてもつなぎ直せばよいということを体感させておきたい。また、手を挙げるときは顔の横で手を挙げるというオンライン特有の授業規律も教えておく。

つながる言葉が思いついたら、手を挙げましょう。
その時に、自分の顔の横で手を挙げましょう。
先生が名前を読んだら答えを言ってください。
では、花子さん。

はい。「こども」です。

では、太郎さん。

はい。「もぐら」です。

＊テンポよく指名し、たくさんの意見を出させると授業が盛り上がります。黒板（ホワイトボードアプリでもよいです）にたくさんの意見が書き込まれることで、オンラインであっても、クラスの一体感やまとまり、達成感を味わうことができます。

091：普段の音読練習を楽しく、緊張感をもって

アナウンサー読み

●所要時間：10分　　●対象学年：2年生
●対象単元：お話を音読しよう（東京書籍）
〈つけたい力〉文章を正確に読み、発音する力

順番に音読していきます。読み間違えたり、詰まったりしたら次の人に交代です。アナウンサーのように読んでみましょう。

GIGA端末　この場面でこう使う

オンライン授業の状況下でも、みんなの前で音読する機会を保障することは大切である。一人一人読む機会を保障して、正確に読めているか確認する。読み間違えたり、詰まったりしたら交代とゲーム性をもたせることで楽しく音読に取り組める。

092：分かりそうで分からない感覚が面白い！

○ー○ゲーム

●所要時間：25分　●対象学年：2年生
●対象単元：かたかなで書く言葉（東京書籍）
〈つけたい力〉片仮名で書く言葉に興味をもち、語彙を広げる力

○にカタカナを入れて、できるだけたくさん言葉を作りましょう。

GIGA端末　この場面でこう使う

片仮名で書く言葉への意欲を喚起する場面で行う。オンライン授業やハイブリッドなタイプの授業でも盛り上がる活動である。少しずつ増えていく「○」や「ー」に教室が段々と熱中してくる。最後の問題「○ー○ー○ー○ー」が分かった時に歓声が上がる。

(1) ○ー○

例）カーブ、キープ、ボール、モール、ロープ

(2) ○ー○ー

例）ヒーロー、コーヒー、ヨーヨー、モーター、ビーカー

(3) ○ー○ー○ー

例）スーパーカー、ソーラーカー

(4) ○ー○ー○ー○ー

例）スーパーヒーロー、ウーパールーパー、コーヒーメーカー

093：いつもの辞書引き活動にスパイスを

逆辞書引き

●所要時間：30分　●対象学年：3年生
●対象単元：国語辞典を使おう（光村図書）
〈つけたい力〉言葉の意味から、それを表す言葉を推定する力

国語辞典を使って、好きな言葉を調べましょう。クイズを出す人は、言葉の意味を読んでください。わかったら、手を挙げるか「手を挙げる」ボタンを押してください。

GIGA端末　この場面でこう使う

辞書引きは国語授業の定番の活動である。このゲームはその逆の活動である。国語辞典に載っている言葉の意味から、それを表す言葉を推定していく。答えはチャットに書き込んでいく。

問題です。
①文章を縦に書いている時、今よりも前に書いたところです。
②人のからだで、心臓のない側のことです。
③北を向いたとき、東に当たる方です。
何の言葉でしょうか。

わかった！
「右」じゃないかな。

方角を
考えると…。

○1時間の授業で全員の問題を扱うのは難しいので、出題できなかった問題は、チャットに書き込ませておく。自然とクラスの問題集が出来上がる。オンライン宿題などで、友達が作った問題に答えを書き込んでいく。そうすると、問題を解き合う中で語彙を広げられる。

094：世界のことわざ、大集合

ことわざ世界旅行

●所要時間：15分（ワークシート1枚につき）　●対象学年：3年生
●対象単元：ことわざ・故事成語（光村図書）
〈つけたい力〉ことわざの意味を理解して、結びつける力

右と左のことわざが同じ意味になるように線で結びましょう。

GIGA端末　この場面でこう使う

ことわざの単元の発展学習として行う。日本で使われていることわざと世界で使われていることわざを比べて、同じ意味になるものを結びつける学習である。ワークシートを配信して、課題として提出させる。ワークシートに取り組む際には、GIGA端末を使った調べ学習を行ってもよい。

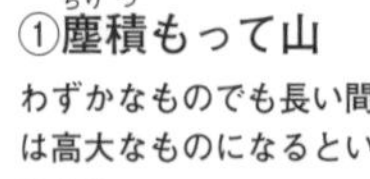

①塵積もって山 わずかなものでも長い間には高大なものになるというたとえ	虎に翼 （中国）
②石の上にも三年 我慢強く辛抱すれば、いつか成功することのたとえ	ぽたりぽたりが湖となる（トルコ）
③鬼に金棒 強いものがさらに勢いを増すことのたとえ	どんな知恵のある者にも誤りあり （アラビア）
④弘法も筆の誤り いかなる名人にも失敗は起こるというたとえ	忍耐は美徳だ （オランダ）
⑤蒔かぬ種は生えぬ 何もせずに成果を得ることはできないというたとえ	無からは何も生じない （フランス）

世界には、いろいろなことわざがあるんだね。ことわざって面白い！

095：ことわざって面白い！ GIGAで熱中!!

ことわざ博士

●所要時間：25分　●対象学年：3年生

●対象単元：ことわざ・故事成語（光村図書）

〈つけたい力〉たくさんのことわざにふれ、表現の幅を広げる力

動物が出てくることわざを調べましょう。
調べたら意味も書いておきましょう。

GIGA端末　この場面でこう使う

ことわざに関する知識を増やし、その意味を知る学習である。できるだけたくさんのことわざにふれ、意味を理解させたい。そこで、GIGA端末を使って、調べ学習を行う。その際に、「動物が出てくることわざ」「体の一部を使ったことわざ」など、テーマを設けるとよい。ことわざとその意味を知ることで、ことわざの面白さを味わわせたい。

ことわざ博士

（　）年（　）組（　）番　名前（　）

動物の出てくることわざを調べましょう。意味も書きましょう。

ことわざ　猿も木から落ちる
意味　その道にすぐれている人でも、時には失敗をすることがあるというたとえ。

ことわざ　豚に真珠
意味　どんな立派なものでも、その価値を知らない者にとってはなんの役にも立たないものである　というとたえ。

ことわざ　猫に小判
意味　どんな立派なものでも、価値がわからない者にとっては、何の値打ちもないものであるというたとえ。

ことわざ　犬も歩けば棒に当たる
意味　何かをしようとすれば、何かと災難に遭うことも多いというたとえ。出歩けば思わぬ幸運に出会うことのたとえ。

096：幼稚園児から大学生まで熱中した言葉遊び

五十音チャレンジャー

●所要時間：25分　　●対象学年：1年生
●対象単元：たのしいな　ことばあそび（光村図書）
〈つけたい力〉五十音図から言葉を見つけ出す力

2文字の言葉を探して、消していきます。全て消すことができたらクリアです。

GIGA端末　この場面でこう使う

平仮名の学習のまとめとして行う。五十音図から2文字の言葉を探して消していき、最後全て消すことができたらクリアである。GIGA端末を活用することでワークシートを印刷する必要がなくなり、何度でも繰り返し取り組むことができるようになる。

〈やり方〉
①始めに「を」を消します。
②相談して、もう1文字消します。
③2文字の言葉 を順番に言って、消していきます。

わ	~~ら~~	や	~~ま~~	は	な	た	~~さ~~	~~か~~	あ
	り		み	ひ	に	ち	し	き	い
~~を~~	る	ゆ	む	ふ	ぬ	つ	す	く	う
	れ		~~め~~	へ	~~ね~~	て	せ	け	え
ん	ろ	よ	も	~~ほ~~	の	と	そ	こ	お

PDFファイルに書き込めない！ そんな時のウラ技3

1

①Microsoft Edgeで開きます。
②「手描き」を選択します。
③色や太さを選びます。

2

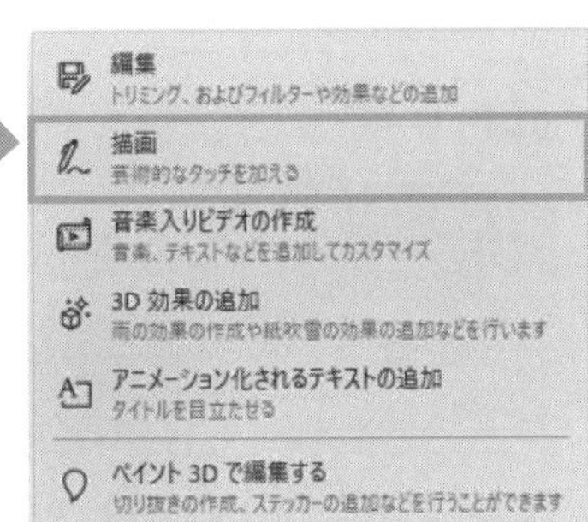

①「Snipping Tool」などで画像に変換します。
②「フォト」を例にすると……
「編集と作成」→「描画」を選択します。

3

背景を設定　フレームを消去
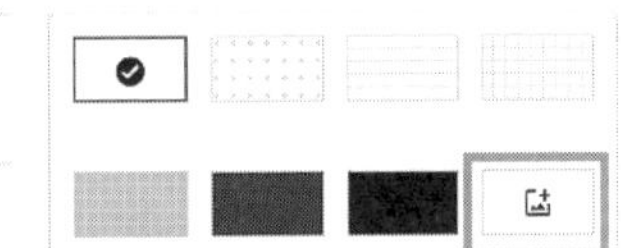

Jamboardで背景を固定化させる方法
①2の①までは同じです。
②「背景を設定」→「ファイルのアップロード」をします。
背景に固定化され、動かなくなります。
ゲームに合わせて編集方法や配信方法を変えます。

授業で使える！豆知識

〈五十音図の始まり〉
五十音図はどうして、アイウエオの順番になっているのでしょうか。これは、梵語（サンスクリット語）が起源で、日本語と類似する音を並べていったら、この順序になったのだそうです。現行の五十音図とほぼ一致したのは、鎌倉時代の「反音抄」が最初と言われています。固定化されて、人々に定着していったのは江戸時代のことです。

097：タイピングの習熟を図りたいときに

タイピング早打ち選手権

●所要時間：10分（ワークシート1枚につき）　●対象学年：3年生
●対象単元：ローマ字（光村図書）
〈つけたい力〉簡単な単語をローマ字入力する力

先生が言った言葉をローマ字入力で打ち込んでみましょう。

GIGA端末　この場面でこう使う

ローマ字の学習を終えたらタイピングの練習をさせたい。タイピングができれば、GIGA端末をより有効活用できる。一朝一夕にはうまくならないので、短い時間、繰り返し行うことが重要である。1日3分でも継続して行うと、タイピング力は飛躍的に向上する。

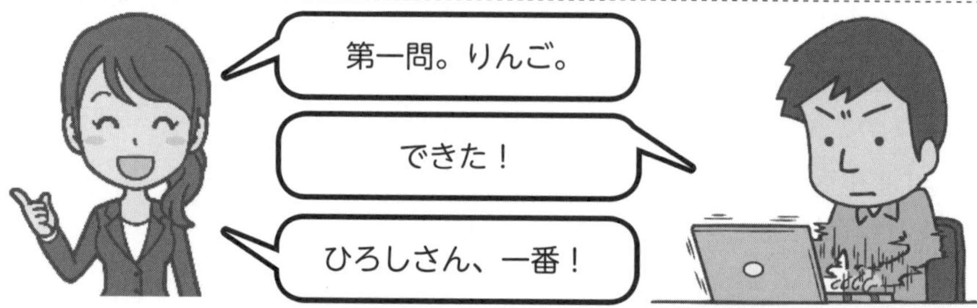

第一問。りんご。
できた！
ひろしさん、一番！

始めは一問ずつ区切って行うと、飽きずに取り組めます。慣れてきたら、変化をつけます。

(1) タイムアタック方式
　ある一定の問題数を何秒で打てたか。
(2) カウントダウン方式
　設定された時間の中で、何問打つことができたか。
(3) コース選択方式
　自分の実力に合った問題数を選択させ、設定時間内に打つことができたか。

タイピング早打ち選手権　初級編

下の言葉をローマ字入力しましょう。

時間は5分間です。コースを選んで、✓を入れましょう。
□ 2問コース　□ 5問コース　□ 10問コース

(1) いえ（i e）
(2) えき（e ki）
(3) うきわ
(4) えのぐ
(5) くま

授業で使える！豆知識

〈タイピングおすすめサイト〉

単調なタイピング練習では、子供は飽きてしまいます。そこで、おすすめのサイトをいくつか紹介します。

①タイピンガーZ：キーボード操作の基本からゲームで学べます。
②寿司打：回転寿司の要領でタイピング練習ができます。
③プレイグラム タイピング：指の位置が見えてわかりやすいです。

タイピンガーZ

寿司打

プレイグラム タイピング

098：これ、何て書いてあるの？

ローマ字逆さまクイズ

●所要時間：15分（ワークシート1枚につき）　●対象学年：4年生
●対象単元：ローマ字の書き方（東京書籍）
〈つけたい力〉簡単な単語について書かれたローマ字を読む力

ローマ字を逆さまから読みました。どこでしょう。

GIGA端末　この場面でこう使う

ローマ字の学習に変化をつけたいときに行う。ワークシートを配信して、オンライン宿題として取り組ませてもよい。

〈都道府県名・国名編〉

（例）アチカ　→　atika（逆から読む）→　秋田

（1）イカラビ　　茨城

（2）イロモア　　青森

（3）アマヤコ　　岡山

（4）エミヘ　　愛媛

（5）アワニコ　　沖縄

（6）アイラチ　　イタリア

（7）アニアルク　　ウクライナ

（8）アキレマ　　アメリカ

ローマ字を逆さまから読みました。どんな食べ物でしょう。

〈食べ物・料理編〉

（例）ウシア　→　usia（逆から読む）　→　アイス

（1）エマ

（2）アキ

（3）イコネ

（4）イバワ

（5）アルコ

（6）エママデ

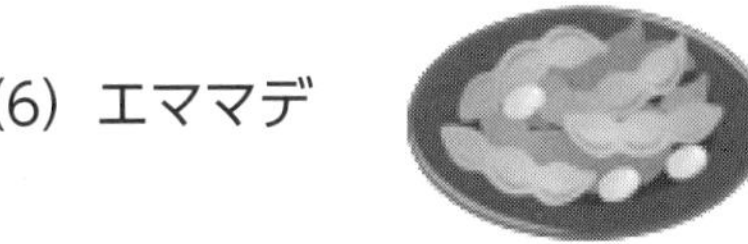

（7）イソベム

（8）イリチベ

（9）ウシアルモ

（10）エバニラキシ

アイス
あめ
イカ
エノキ
アワビ
オクラ
えだまめ
うめぼし
エビチリ
オムライス
石狩なべ

授業で使える！豆知識

〈ローマ字の歴史〉

ローマ字は16世紀後半に宣教師たちが日本語の読み方をアルファベットで書き表したことから始まりました。ポルトガル式やオランダ式、日本式など様々な表記がありますが、現在は訓令式とヘボン式が主流です。

099：長文指導のウォーミングアップに

言葉ビンゴ

●所要時間：30分　●対象学年：5年生
●対象単元：大造じいさんとがん（東京書籍）
〈つけたい力〉品詞を分類する力

「大造じいさんとがん」の第一場面から名詞を見つけます。見つけたら、9つ選んで四角の中に書きましょう。

GIGA端末　この場面でこう使う

物語文や説明文を理解するために、意味を知っておくべき言葉がある。その意味調べを楽しく進めるための活動である。教師が示した範囲の中から指定された品詞を見つけ、ビンゴを行う。ビンゴを行った後は、その中のいくつかの言葉を指定して辞書引きを行う。
調べた意味は、文書作成アプリに打ち込み、課題として提出させる。

1　言葉ビンゴを行う

群れ	頭領	知恵
形跡	夢中	りこう
異状	感たん	羽音

群れ　かりゅうど　ぬま地　夢中　羽音
形跡　異状　感たん　りこう　知恵
頭領　油断　りゅうじゅう　一面　危険

ビンゴは楽しかったけど、大造じいさんとがんに出てくる言葉は結構、難しいな。

2　言葉の意味を辞書で引く

使った言葉の中から、先生が言った言葉を辞書で引いてみましょう。引いたら下の四角の中に意味を書きましょう。

言葉	意味
群れ	たくさんの人や生き物が集まっている状態。あつまり。むらがり。
形跡	物事が行われたあと。何かがあったあと。
異状	普通とは違う状態。
感たん	感心してほめたたえること。感じ入ること。
頭領	集団のかしら。首領。

言葉の選択は、教師が指定してもよいですし、子供に選ばせてもよいです。また、授業内で行う方法もありますし、オンライン宿題として端末を家庭に持ち帰らせ、課題として提出させる方法もあります。授業で行う場合は、時間差ができるので、早く終わった子には、他の言葉の意味も調べさせておくとよいです。

3　課題として提出する

①付属のワークシート「言葉ビンゴ 辞書引き編」を「課題」として配信します。

②子供が入力し終えたら、課題として提出させます。

100：この暗号が読めるかな？

万葉仮名で暗号ゲーム

●所要時間：15分　●対象学年：6年生
●対象単元：大造じいさんとがん（東京書籍）
〈つけたい力〉仮名の由来に興味をもち、特質を理解する力

〈おつかい編〉

晩御飯のおつかいを頼まれたよ。
メモには謎の暗号が！ 何を買ってくればいいのかな。

GIGA端末　この場面でこう使う

万葉仮名に興味を持ち、音などの特質を理解させる学習である。ワークシートを配信し、GIGA 端末で調べ学習を行う。たくさんの問題を解く中で、理解を深めさせていく。

買い物メモ
1　美曽
2　止宇不
3　波久左以
4　和加女
5　止利仁久
6　久利

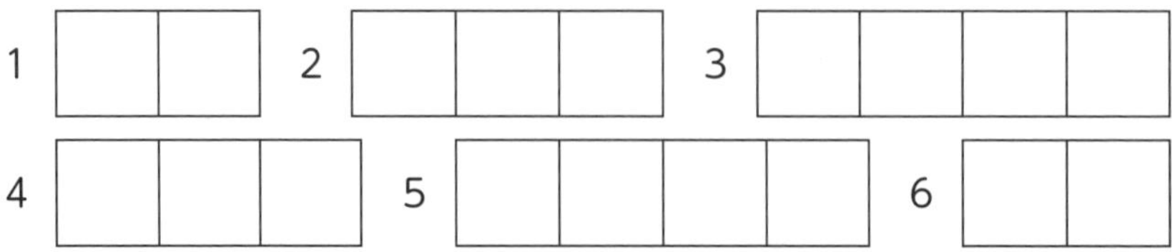

（答え　1. みそ　2. とうふ　3. はくさい　4. わかめ　5. とりにく　6. くり）

〈歴史人物編〉

歴史人物が万葉仮名で変身しました。誰でしょう。

1　比美己（　　　　　）

2　於乃乃以毛己（　　　　　　　）

3　左加乃宇衣乃太武良末呂（　　　　　　　　　）

4　奈加止美乃加末太利（　　　　　　　　　）

5　久宇加以（　　　　　）

6　太以良乃幾与毛利（　　　　　　　）

7　美奈毛止乃与利止毛（　　　　　　　）

8　以以奈於寸計（　　　　　　　）

9　以和久良止毛美（　　　　　　　）

10　武川武祢美川（　　　　　　　）

（答え　1. 卑弥呼　2. 小野妹子　3. 坂上田村麻呂　4. 中臣鎌足　5. 空海
6. 平清盛　7. 源頼朝　8. 井伊直弼　9. 岩倉具視　10. 陸奥宗光）

〈ワークシートの解答〉
学校生活編：1. 理科　2. 家庭科　3. 体育　4. はさみ　5. のり　6. 机
7. 廊下　8. ほうき　9. ちりとり　10. 時計
世界地理編：1. ロシア　2. イタリア　3. アメリカ　4. スイス　5. モナコ
6. 太平洋　7. ナイル

〈コラム〉学習アクティビティ＆ゲームで起こったドラマ

「先生、今日も漢字ビンゴする？」

Ａ君の言葉に一瞬、耳を疑った。

Ａ君は勉強が得意でなく、少しでも分からなくなると机に突っ伏した。

そんなＡ君と関係を築こうと、休み時間には一緒に遊び、Ａ君の好きなゲームのことを調べて話そうとした。

家庭訪問では、保護者から「先生のことが好きなようです」と言われたが、授業が始まると、Ａ君は突っ伏してしまうのであった。

そんなＡ君を何とかしたいと必死に教材研究をした。

夜遅くまで学校に残り、翌日の授業について考えた。

しかし、私の思いが強くなればなるほど、Ａ君の顔は曇っていった。

もう、これ以上何をしても無駄なのではないのかとすら思った。

そんな折、授業の隙間時間を使って、漢字ビンゴを行った。

授業は盛り上がり、Ａ君も漢字ビンゴだけは参加した。

その翌日にＡ君が言ったのが、冒頭の言葉であった。

Ａ君の机を見ると、驚くことに国語の教科書とノートが開かれた状態で置かれていた。

たった15分の活動であったが、学習アクティビティ＆ゲームが確かにＡ君を変化させた。

私は、隙間時間を見つけては、次々と学習アクティビティ＆ゲームを行った。

上手くいったこともあった。

上手くいかなかったことも多々あった。

その都度、自分の授業を振り返った。

次第に、Ａ君が参加できる授業のパーツが増えていった。

年度が終わる頃には、突っ伏すことはなくなっていた。

あとがき

本書は、学習アクティビティ・ゲームをGIGA端末を活用することで、より効果的に行うことはできないかと挑戦したものです。

ここで紹介した学習アクティビティ・ゲームのほとんどは、今までに存在し、広く世の中に知られたものです。

言わば、多くの先行実践をくぐり抜け、濾過されたエッセンスです。

そこに「GIGA端末を使ったら」という視点を加え、実践を重ねてきました。

執筆に際し、できるだけ原典・原実践を明らかにするよう努力をしましたが、情報や実践があまりに膨大かつ多岐に渡るため、全てを明記することができませんでした。

この場において、先達の多くの実践に敬意を表し、参考文献・参考実践を掲出させていただきます。

さて、私自身はPC操作に堪能な教師ではありません。

ですから、本書では専門的なPCの知識が必要であったり、難しいサイトを使ったりする実践は掲載しておりません。

付属のワークシートを配信する、画面を提示すればすぐに授業ができる、どのPCにも入っている文書作成アプリやプレゼンテーションアプリを使用するといった誰にでも実践できるものを中心に掲載しました。

本書で紹介した方法以外にも便利なものはたくさんありますし、自治体によってGIGA端末の中に入っているアプリ等は違います。

ここで紹介したものをアレンジしながら、全国の教室でGIGA端末がより効果的に活用されることを願っています。

最後に、本書の企画から原稿への指導など、学芸みらい社の樋口雅子様には大変お世話になりました。阪井一仁様には、原稿の相談や技術的なサポートもしていただきました。サークルメンバーには、アイディアの提供や原稿へのアドバイスもしてもらいました。そして、これまでたくさんの方に教師としての私を育ててもらいました。この場を借りて、皆様に心より感謝申し上げます。

2022年8月吉日

川 合 賢 典

〈主な参考文献〉
1. 『例解新国語辞典 第九版』三省堂、2020年
2. 『合本　俳句歳時記 第三版』角川書店、2006年
3. 『反対語対立語辞典』三省堂、2017年
4. 阿辻哲次・一海知義・森博達『何でもわかる 漢字の知識百科』三省堂、2002年
5. 『例解小学短歌・俳句辞典』三省堂、2018年
6. 時田昌瑞・山口政信『世界ことわざ比較辞典』岩波書店、2020年
7. 加藤秀俊・熊倉功夫『外国語になった日本語の事典』岩波書店、1999年
8. 『チャレンジ 小学漢字辞典 カラー版』ベネッセコーポレーション、2020年
9. 公益財団法人 日本漢字能力検定協会『2018年度教員向けセミナー』資料、2018年
10. 向山洋一『授業の腕をみがく』明治図書、1983年
11. 向山洋一『学級集団形成の法則と実践 学級通信アチャラ』明治図書、1984年

［著者紹介］

川合 賢典（かわい　けんすけ）

1980年　愛知県生まれ

2003年　愛知教育大学卒

2022年9月現在、愛知県豊川市立御油小学校勤務

豊川教育サークル01（ゼロ・ウーノ）代表

国語学習アクティビティ＆語彙ゲーム
授業の面白活用辞典

2022年10月5日　初版発行

著　者　川合賢典

発行者　小島直人

発行所　株式会社 学芸みらい社

〒162-0833 東京都新宿区箪笥町31番 箪笥町SKビル3F

電話番号 03-5227-1266

https://www.gakugeimirai.jp/

e-mail：info@gakugeimirai.jp

印刷所・製本所　藤原印刷株式会社

企画　樋口雅子・阪井一仁

本文組版　星島正明

装丁デザイン　吉久隆志・古川美佐（エディプレッション）

落丁・乱丁本は弊社宛てにお送りください。送料弊社負担でお取り替えいたします。

ISBN978-4-86757-010-4　C3037